<기적의 한글 학습> 최영환 교수의 받아쓰기 프로그램!

2007년 출간 이래 최고의 베스트셀러!

기적의 받아쓰기

개정판

2권 알기 쉬운 소리의 변화

〈7세~초등 2학년〉

길벗스쿨

〈기적의 한글 학습〉 최영환 교수의 국어 능력 향상 프로젝트!
2007년 출간 이래 받아쓰기 분야 최고의 베스트셀러!

기적의 받아쓰기 개정판 2권

The Miracle Dictation vol. 2

초판 1쇄 발행 · 2012년 2월 1일
초판 60쇄 발행 · 2025년 2월 11일

지은이 최영환
발행인 이종원
발행처 길벗스쿨
출판사 등록일 2006년 6월 16일
주소 서울시 마포구 월드컵로 10길 56 (서교동)
대표 전화 02)332-0931 **팩스** 02)322-3895
홈페이지 www.gilbutschool.co.kr **이메일** gilbut@gilbut.co.kr

기획 이수란 **담당 편집** 이경은(hey2892@gilbut.co.kr)
디자인 이도경 **교정교열** 신경아 **일러스트** 안녕달 **전산편집** 지누커뮤니케이션
녹음 및 편집 영레코드 **성우** 엄현정 **CTP 출력 및 인쇄** 대원문화사 **제본** 신정제본

ISBN 978-89-92279-24-6 63710
SET 978-89-92279-27-7
(길벗스쿨 도서번호 10888)

가격 12,000원

받아쓰기는 외워쓰기가 아닙니다

받아쓰기를 하는 까닭은 단순히 남이 하는 말이나 글을 옮겨 적기 위함이 아닙니다.
이것은 받아쓰기의 기초 목표일 뿐입니다.

받아쓰기를 하는 최종 목표는 다른 사람의 말을 듣고, 그것의 의미를 파악하는 능력을 기르는 것입니다.
받아쓰기를 잘하면 다른 사람의 말소리를 듣고 그 의미를 더 잘 이해하게 됩니다.

학교에서 받아쓰기를 위해 미리 나누어 준 자료에 포함된 낱말이나 문장만 암기해서는 이 목표에 도달할 수 없습니다. 현재의 받아쓰기는 불러 주는 것을 받아쓰는 것이 아니라, 외운 것을 기억해서 쓰는 것입니다. 따라서 이런 방식으로 공부한 사람은 새로운 낱말이나 문장을 부르면 제대로 받아쓰지 못합니다.

받아쓰기 능력이 있는 사람은 말소리와 문자의 대응 관계를 잘 알기 때문에 한 번도 들어 본 적이 없는 낱말이나 문장이라도 그것이 무슨 낱말인지 빠르고 정확하게 파악할 수 있습니다. 소리와 문자의 대응 관계를 파악하는 원리를 중심으로 받아쓰기 학습을 해야 하는 이유가 바로 여기에 있습니다.

머리말

저는 초등학교 저학년 때 받아쓰기를 잘하지 못해서 늘 열 문제 중 두세 개는 틀렸습니다. 저의 받아쓰기 평균 점수는 70점~80점 정도로 기억됩니다. 선생님께서 집에서 받아쓰기를 공부하라고 하셔서 어머니와 열심히 공부하고 다음 날 학교에 가면, 선생님께서는 어제 공부했던 단원의 다음 단원에서 받아쓰기 문제를 내셨습니다. 그러면 저는 또다시 70점 정도의 점수를 유지할 수밖에 없었습니다.

요즘은 제 큰아이가 학교에서 받아쓰기를 합니다. 일주일에 1회~2회 받아쓰기를 하는데, 학교에서 받아쓰기를 할 자료를 미리 15개 정도 인쇄해서 보내 줍니다. 지난주에 공부한 것이 이번 주에 공부할 것보다 더 어려울 때도 많습니다. 집에서 열심히 외워서 학교에 가니 받아쓰기가 아니라 외워쓰기가 되는 것이죠. 무작정 15개를 외우려고 하니 아이도 힘들고, 가르치는 부모로서도 여간 어려운 것이 아닙니다.

이 책은 저의 어린 시절 기억과 제 아이가 요즘 겪는 고통을 바탕으로 만들었습니다. 왜 받아쓰기를 하는가? 받아쓰기를 어떻게 해야 하는가? 내가 정말 받아쓰기를 못하는 것인가? 아니면 받아쓰기 문제가 나쁜 것인가? 어린 시절 나의 질문은 이 시대 아이들의 질문이기도 하고, 부모님의 고민이기도 합니다.

받아쓰기는 왜 하는가?

받아쓰기를 하는 이유는 말소리를 글자로 표현할 수 있도록 하기 위해서입니다. 역사적으로 볼 때 과거에는 문자를 사용하는 능력이 사회 지배 계층만의 특권이었습니다. 현대 사회에서는 대부분의 정보가 문자로 전달되기 때문에, 문자를 학습한다는 것은 현대인으로 살아가기 위한 필수 요건이 된 지 오래입니다. 첨단 정보화 시대가 된 지금에 와서는 문자를 통한 의사소통 능력은 더욱더 중요해졌습니다. 따라서 아이들이 글을 통해 자유롭게 의사소통을 할 수 있는 능력을 길러 주기 위해서 받아쓰기를 하는 것입니다.

받아쓰기를 어떻게 해야 하는가?

받아쓰기는 말소리를 듣고 '소리 나는 대로' 적으면서, '어법에 맞도록' 해야 합니다. 사실 이것이 어렵지요. '소리 나는 대로' 적더라도 '우리'보다는 '연필'이 어렵고, '어법에 맞도록' 해도 '놀이터'보다는 '빗방울'이 어렵습니다. 받아쓰기는 소리와 문자의 대응 관계를 중심으로, 단계적이고, 체계적으로 해야 합니다. 된소리되기, 자음동화, 구개음화 등 모든 것은 원리를 중심으로, 관련된 것끼리 묶어서 학습하여야 합니다.

정말 받아쓰기를 못하는 것인가?

잘 불러 주면 잘 받아쓸 수 있습니다. 무엇을, 어떻게 불러 주는가에 따라 아이들의 받아쓰기 결과는 달라집니다. 아무것이나 닥치는 대로 불러 주면, 아이들은 받아쓰기를 하면서도 그 의미를 찾지 못합니다. 또, 불러 주는 부모님의 발음이 이상해도 틀릴 수밖에 없습니다. 찰떡같이 불러 주어야 찰떡같이 받아쓸 것이 분명합니다.

이 책은 아이들을 위한 책입니다. 받아쓰기가 재미있고, 즐겁고, 유익한 것이 되도록 하기 위하여 만들었습니다. 이 책을 갖고 공부하는 저의 작은아이는 초등학생도 아닌데, 매일 저녁 받아쓰기를 하자고 조르고 있습니다. 원리를 알아 가며 받아쓰는 재미에 푹 빠졌기 때문입니다.

2006년 12월

저자 최영환

받아쓰기에 대한 이해

1. 받아쓰기의 개념

문자를 가진 모든 나라는 받아쓰기와 유사한 형태의 지도 과정을 가지고 있습니다. 받아쓰기는 소리와 문자의 대응 관계를 파악하는 능력을 필요로 하기 때문입니다.

국립 국어연구원에서 발행한 표준국어대사전에 의하면 받아쓰기는 다음과 같은 개념을 갖습니다.

> 받아-쓰기
> ❶ 남이 하는 말이나 읽는 글을 들으면서 그대로 옮겨 씀. 또는 그런 일 ≒서취(書取). 받아쓰기 시험 부르는 대로 따라 쓴다고 노력했으니 받아쓰기가 제대로 되었는지 모르겠다.
> ❷ 남의 글씨나 글씨체를 그대로 따라 글씨를 씀. 또는 그런 일. 서예의 기본은 받아쓰기 연습에 있다.
> ❸ 목소리나 악기 소리 또는 음악 따위를 듣고 그대로 악보에 옮겨 씀. 또는 그런 일. 그가 부르는 노래는 음정이 엉망이라서 받아쓰기가 쉽지 않다.

2. 받아쓰기의 두 과정

초등학교에서 주로 하는 받아쓰기는 표준국어대사전에 제시된 ❶의 개념입니다. 남이 하는 말이나 읽는 글의 소리를 귀로 들어서, 문자로 쓰는 과정이 받아쓰기입니다. 여기에서 두 가지 과정이 존재합니다.

첫째는 귀로 듣는 과정이고, 둘째는 글로 옮기는 과정입니다. 귀로 듣는 과정에서는 소리를 구별해서 들어야 합니다. 소리를 구별하지 못하면 잘 쓸 수 없습니다. 우리나라 사람들은 자음이 19개(ㄱ, ㄴ, ㄷ, ㄹ, ㅁ, ㅂ, ㅅ, ㅇ, ㅈ, ㅊ, ㅋ, ㅌ, ㅍ, ㅎ, ㄲ, ㄸ, ㅃ, ㅆ, ㅉ), 모음 21개(ㅏ, ㅐ, ㅑ, ㅒ, ㅓ, ㅔ, ㅕ, ㅖ, ㅗ, ㅘ, ㅙ, ㅚ, ㅛ, ㅜ, ㅝ, ㅞ, ㅟ, ㅠ, ㅡ, ㅢ, ㅣ)를 구별할 수 있습니다. 그래서 이 40개의 소리만 구별할 수 있으면 일단 받아쓰기를 위한 준비가 되었다고 할 수 있습니다.

받아쓰기와 관련하여, 한글 맞춤법 총칙 제1항에는 "한글 맞춤법은 표준어를 소리대로 적되, 어법에 맞도록 함을 원칙으로 한다."고 규정하고 있습니다.

여기에서 '표준어를 소리대로 적는다.'는 것은 표준어의 발음 형태대로 적는다는 뜻입니다. 발음대로 적으면 받아쓰기가 된다는 뜻으로, 40개의 소리만 구별하고, 그 소리에 따라 적기만 하면 됩니다.

그런데 조건으로 붙어 있는 '어법에 맞도록 함을 원칙으로 한다.'는 것이 문제입니다. 규정의 설명에는 '어법(語法)'이란 언어 조직의 법칙, 또는 언어 운용의 법칙이라고 풀이된다. 어법에 맞도록 한다는 것은, 결국 뜻을 파악하기 쉽도록 하기 위하여 각 형태소의 본 모양을 밝히어 적는다는 말이다.'라고 되어 있습니다. 이 말을 쉽게 풀이하면 소리대로 적지 말고 원래의 형태를 적어야 한다는 것입니다. 즉, 받아쓰기를 할 때 소리 나는 대로 적으면 안 되고, 원래의 형태를 생각해서 소리와는 다르게 적는 것이 있다는 뜻입니다. 여기에서 받아쓰기의 어려움이 발생합니다.

3. 받아쓰기의 지도 순서

현재 대부분의 초등학교에서 받아쓰기를 합니다. 매주 1회~2회 정도 받아쓰기를 하는데, 학교에서 미리 받아쓰기를 할 자료를 나누어 주고 공부를 하게 됩니다. 그런데, 이 자료는 일정한 받아쓰기 원리에 의해 만들어진 것이 아니라, 국어과를 중심으로 한 교재에서 어려운 낱말이나 문장을 골라 나열한 것입니다. 그렇지만 초등학교 교과서의 낱말이나 문장이 어려운 순서에 따라 사용된 것은 아니므로 이런 지도 순서는 일정한 원리가 없습니다. 그래서 매주 받아쓰기의 목표가 분명하지 않고, 받아쓰기 자료들 사이의 체계도 없습니다. 그래서 가르치는 사람과 배우는 사람 모두 학습의 초점이 무엇인지 알지 못합니다. 이런 방식으로 받아쓰기 능력이 향상된다고 하기도 어렵습니다.

이런 문제를 해결하기 위하여, 이 책에서는 받아쓰기를 소리와 문자의 대응 관계를 중심으로 체계화하여 제시하였습니다. 소리와 문자가 일치하는 것은 쉽고 일치하지 않는 것은 어렵고, 받침이 없는 것은 쉽고 받침이 있는 것은 어려우며, 받침이 뒤의 모음에 연결되어 발음되는 것(연음)은 쉽고 받침과는 다른 발음으로 나타나는 것(대표음)이나 자음이 서로 닮아 가는 것(자음동화) 등은 어렵습니다. 이 책은 철저하게 이 순서를 반영하여 학습의 난이도를 조절하고 체계적인 학습이 가능하도록 하였습니다.

4. 받아쓰기의 도달 목표

받아쓰기를 하는 까닭은 '남이 하는 말이나 읽는 글'을 옮겨 적기 위한 것이 아닙니다. 이것은 단순히 받아쓰기의 기초 목표일뿐입니다 .받아쓰기를 하는 최종 목표는 다른 사람의 말을 듣고 그것의 의미를 파악하는 능력을 기르는 것입니다. 즉, 받아쓰기를 잘 하면 다른 사람의 말소리를 듣고 그 의미를 더 잘 이해하게 됩니다. 학교에서 받아쓰기를 위해 나누어 준 자료에 포함된 낱말이나 문장만 암기해서는 이 목표에 도달할 수 없습니다. 현재의 받아쓰기는 부르는 것을 받아쓰는 것이 아니라, 외운 것을 기억해서 쓰는 것입니다. 따라서 이런 방식으로 공부한 사람은 새로운 낱말이나 문장을 부르면 제대로 받아쓰지 못합니다.

받아쓰기 능력이 있는 사람은 말소리와 문자의 대응 관계를 잘 알기 때문에, 한 번도 들어 본 적이 없는 낱말이나 문장이라도 그것이 무슨 낱말인지 어떤 문장인지 빠르고 정확하게 파악할 수 있습니다. 소리와 문자의 대응 관계를 파악하는 원리를 중심으로 받아쓰기 학습을 해야 하는 이유가 바로 여기에 있습니다.

이 책의 구성

이 책은 받아쓰기 능력을 길러 주기 위해 크게 두 가지 측면에서 접근하였습니다.

1. 원리 중심의 학습

이 책은 받아쓰기의 원리를 학습할 수 있는 체계적인 학습이 되도록 하기 위하여 총 4권 16장 40단계로 체계를 구성하였습니다. 1권은 소리와 문자가 일치하는 것만을 담았고, 2권~4권은 소리와 문자가 일치하지 않는 것을 담았습니다. 각 권은 4개의 장으로 구성되며, 각 장은 2~3개의 학습 목표 군으로 이루어졌습니다.

1권	1장	받침이 없는 쉬운 음절	1단계	쉬운 모음과 자음이 있는 음절을 써요
			2단계	어려운 자음이 있는 음절을 써요
			3단계	헷갈리는 모음이 있는 음절을 써요
	2장	받침이 있는 쉬운 음절	4단계	받침 'ㅇ, ㄹ, ㅁ'이 있는 음절을 써요
			5단계	받침 'ㄱ, ㄴ, ㅂ'이 있는 음절을 써요
	3장	받침이 없는 어려운 음절	6단계	모음 'ㅓ, ㅟ'를 구별해요
			7단계	모음 'ㅒ, ㅖ, ㅢ'를 구별해요
			8단계	모음 'ㅚ, ㅙ, ㅞ'를 구별해요
	4장	받침이 있는 어려운 음절	9단계	받침과 어려운 모음이 있는 음절을 써요 1
			10단계	받침과 어려운 모음이 있는 음절을 써요 2

2권	1장	연음법칙 1	11단계	받침 'ㄹ, ㅁ'이 뒤로 넘어가요
			12단계	받침 'ㄱ, ㄴ, ㅂ'이 뒤로 넘어가요
			13단계	어려운 모음 아래 받침이 뒤로 넘어가요
	2장	연음법칙 2	14단계	받침 'ㅋ, ㄲ, ㅍ'이 뒤로 넘어가요
			15단계	받침 'ㄷ, ㅅ, ㅆ, ㅈ, ㅊ, ㅌ'이 뒤로 넘어가요
	3장	된소리되기 1	16단계	받침 'ㄱ, ㄷ, ㅂ' 때문에 된소리가 나요
			17단계	받침 'ㄴ, ㄹ, ㅁ, ㅇ' 때문에 된소리가 나요
			18단계	어려운 모음 아래 받침 때문에 된소리가 나요
	4장	된소리되기 2	19단계	'ㅋ, ㄲ, ㅍ' 때문에 된소리가 나요
			20단계	'ㅅ, ㅆ, ㅈ, ㅊ, ㅌ' 때문에 된소리가 나요

3권	1장	구개음화와 거센소리되기	21단계	'ㄷ'을 'ㅈ'으로 발음해요
			22단계	'ㅎ' 뒤에서 거센소리가 나요
			23단계	받침 때문에 'ㅎ'이 바뀌어요
	2장	음절의 끝소리	24단계	받침을 'ㅂ'과 'ㄱ'으로 발음해요
			25단계	받침을 'ㄷ'으로 발음해요
	3장	자음동화	26단계	'ㄱ, ㄲ, ㅋ'의 발음이 달라져요
			27단계	'ㄷ, ㅂ'의 발음이 달라져요
			28단계	'ㄴ, ㄹ'의 발음이 달라져요
	4장	틀리기 쉬운 것들	29단계	된소리로 쓰면 안 돼요
			30단계	소리는 같지만 글자가 달라요

4권	1장	사이시옷	31단계	뒷말의 첫소리가 된소리로 나요
			32단계	앞말에 'ㄴ' 소리가 덧나요
			33단계	앞말과 뒷말에 'ㄴ' 소리를 두 번 붙여요
	2장	겹받침 쓰기	34단계	받침이 두 개일 때 이렇게 발음해요 1
			35단계	받침이 두 개일 때 이렇게 발음해요 2
	3장	음운첨가	36단계	'ㄴ' 소리를 넣어서 발음해요
			37단계	'ㄹ' 소리를 넣어서 발음해요
			38단계	두 낱말 사이에 'ㄴ'이나 'ㄹ'을 넣어 발음해요
	4장	외워야 할 것들	39단계	외워서 써야 해요
			40단계	'이'나 '히'로 써요

각 장의 뒤에는 중간 평가를 두고, 2개 장씩 묶어 종합 평가를 통해 학습 내용을 정리할 수 있도록 하였습니다.

2. 자기 주도 학습 적용

받아쓰기는 학습자가 원리를 알고 적용할 수 있어야 합니다. 누군가가 불러 주는 것을 받아쓰는 것이라는 생각 때문에 받아쓰기는 혼자 학습할 수 없다고 생각하기도 하는데, 이 책은 이런 편견을 없앴습니다. 즉 학습자가 스스로 혼자 학습하고, 이를 교사나 학부모가 확인하기 위해 받아쓰기를 하도록 구성하였습니다. 이를 위해 크게 다음의 8개 요소를 일정한 순서에 따라 배열하였습니다.

이 책을 통해 학습자는 스스로 학습하면서 받아쓰기의 일정 단계에 필요한 원리를 알게 되고, 교사나 학부모와 함께 받아쓰기를 하면서 학습한 내용을 점검하고 재확인하게 됩니다. 또한 낱말을 중심으로 중점 학습 내용을 연습하고, 문장을 통해 그 결과를 적용하는 연습을 하게 됩니다.

이 책을 보는 방법

❶ 목표 확인

이 책은 받아쓰기를 40단계로 나누어서 차례로 공부합니다. 단계의 이름은 소리와 문자의 관계에 대한 설명이고, 목표는 그 중에서 초점으로 두어야 할 것에 대한 안내입니다. 목표를 늘 생각하면서 학습하면 학습 효과가 높고 학습 내용을 오래 기억할 수 있습니다.

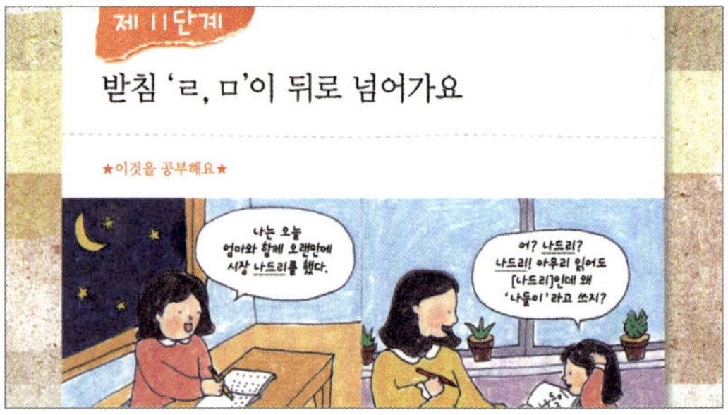

❷ 준비 학습(연습하기)

받아쓰기를 하기 전에 미리 준비를 합니다. 운동을 하기 전에 적당한 준비 운동이 필요하듯이, 받아쓰기 전에 학습할 내용의 기초가 되는 것을 살펴봅니다. 몇 개의 글자에 집중하면 받아쓰기를 하는 데 도움이 됩니다.

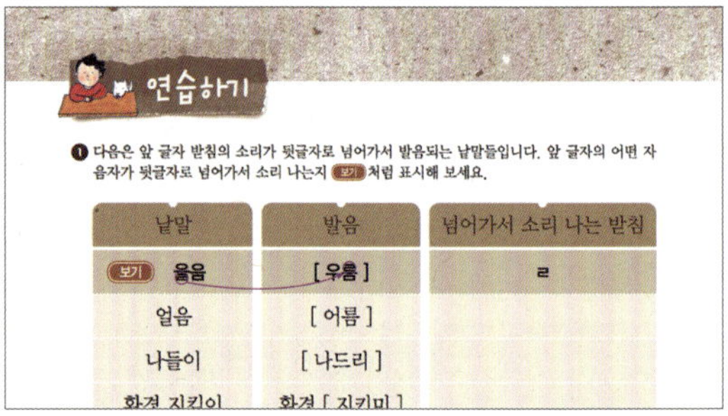

❸ 낱말 연습하기 1(1회)

★ 아이 스스로 공부하게 하십시오.

받아쓰기는 낱말에서부터 시작해서 어구나 문장으로 확장합니다. 낱말도 그림을 통해 뜻을 알려 주고, 글자도 보여 주어, 아이가 글자를 보고 익히는 단계입니다.

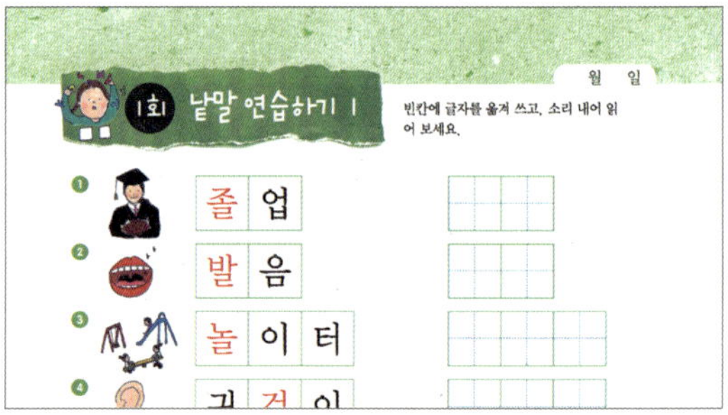

❹ 낱말 연습하기 2(2회)

★ 아이 스스로 공부하게 하십시오.

수수께끼처럼 만들어서 혼자서 재미있게 공부할 수 있습니다. 글자의 형태를 익힐 수 있도록 하는 단계이고, 틀리기 쉬운 것과 섞여 있어서 아이가 무엇을 어려워하는지 판단할 수 있는 자료가 됩니다.

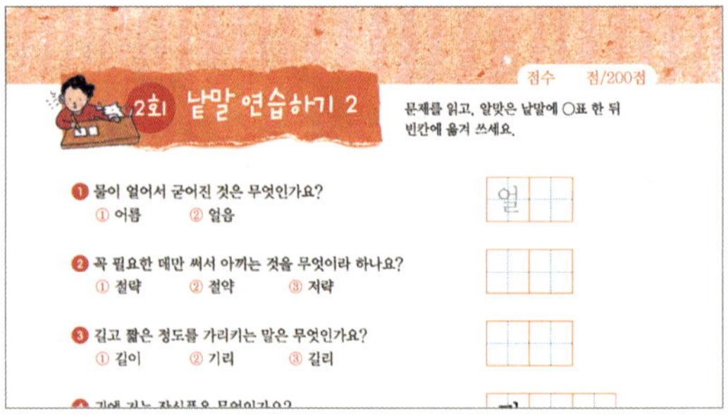

★**중간 평가 1, 2회** – 각 장이 끝날 때마다 그 장에서 배운 내용을 확인합니다.

★**종합 평가 1, 2회** – 2개의 장이 끝날 때마다 그 장에서 배운 내용을 확인합니다.

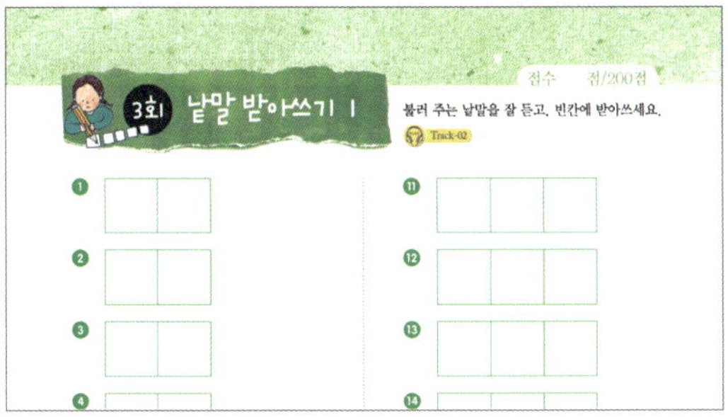

❺ 낱말 받아쓰기 1, 2(3회, 4회)

★ 선생님이나 부모님과 함께 공부하십시오.

받아쓰기는 불러 주는 말을 글자로 옮기는 것입니다. 학습할 목표가 반영된 낱말들만 골라서 불러 주게 하였습니다. 40개의 낱말이 있으므로 1~4회로 나누어 사용할 수 있습니다. 문제에 (PLAY)이 있는 페이지는 길벗스쿨 홈페이지(www.gilbutschool.co.kr)에서 불러 주기용 MP3 파일이 제공됩니다. 부모님께서 직접 불러 주실 것을 권장하지만, 이용이 어려우실 경우 홈페이지에 있는 파일을 다운받아 사용해 주십시오.

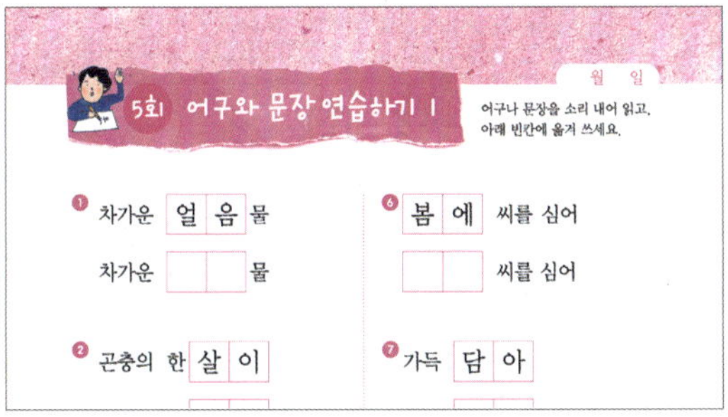

❻ 어구와 문장 연습하기 1(5회)

★ 아이 스스로 공부하게 하십시오.

낱말이 문장 속에 있을 때에도 틀리지 않고 받아쓸 수 있도록 연습하는 과정입니다. 두 개 이상의 낱말을 비교하면서 차이를 확인하도록 했으므로 정확하게 기억하는 데 도움이 됩니다.

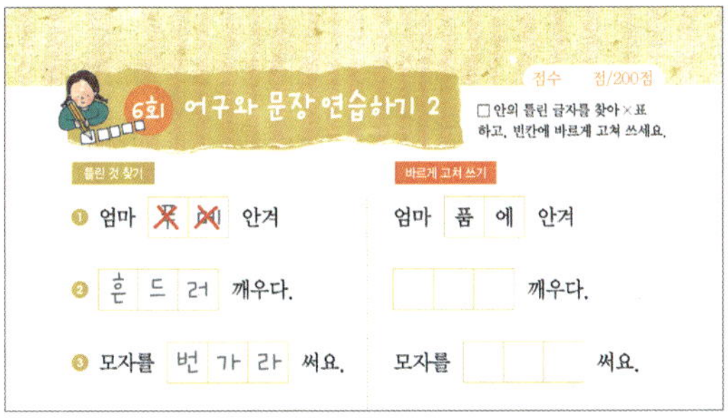

❼ 어구와 문장 연습하기 2(6회)

★ 아이 스스로 공부하게 하십시오.

잘못 쓴 글자를 보면서 고치도록 하는 과정입니다. 다른 사람이 틀리게 쓴 것을 고치면서 바른 형태를 알게 됩니다. 문장 받아쓰기를 위한 마지막 준비 과정이므로 열심히 해야 합니다.

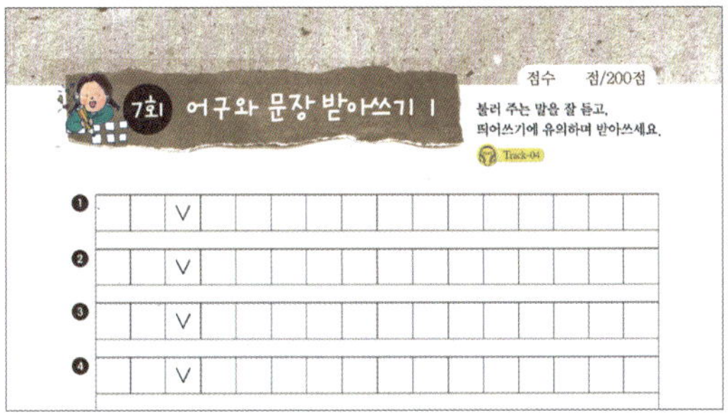

❽ 어구와 문장 받아쓰기 1, 2(7회, 8회)

★ 선생님이나 부모님과 함께 공부하십시오.

받아쓰기의 마지막 과정입니다. 어구와 문장 속의 낱말을 잘 받아쓸 수 있는지 확인합니다. 문제에 (PLAY)이 있는 페이지는 길벗스쿨 홈페이지(www.gilbutschool.co.kr)에서 불러 주기용 MP3 파일이 제공됩니다. 부모님께서 직접 불러 주실 것을 권장하지만, 이용이 어려우실 경우 홈페이지에 있는 파일을 다운받아 사용해 주십시오.

★홈페이지에 제공된 불러 주기용 파일은 MBC 성우의 음성으로, 정확한 발음을 제공합니다.

★이 책에 실린 모든 낱말의 맞춤법과 띄어쓰기는 국립국어원의 표준국어대사전에 의거합니다.

차례

제 11단계

받침 'ㄹ, ㅁ'이 뒤로 넘어가요

★이것을 공부해요★

위 그림에서 아이가 '나들이'를 소리 나는 대로 '나드리'라고 써서 선생님께서 바르게 고쳐 주셨어요. 우리말은 소리 나는 대로 그대로 받아쓰면 안 되는 말이 많아요.

★학습 목표★

'모든 자음 + 모음(ㅏ, ㅑ, ㅓ, ㅕ, ㅗ, ㅛ, ㅜ, ㅠ, ㅡ, ㅣ) + (ㄹ, ㅁ 받침)'으로 이루어진 낱말에서 ㄹ, ㅁ 받침이 뒷글자로 넘어가서 발음되는 현상 살펴보기

- 앞 글자의 'ㄹ' 받침이 뒷글자로 넘어가서 소리 나는 현상 알기
- 앞 글자의 'ㅁ' 받침이 뒷글자로 넘어가서 소리 나는 현상 알기

연습하기

❶ 다음은 앞 글자 받침의 소리가 뒷글자로 넘어가서 발음되는 낱말들입니다. 앞 글자의 어떤 자음자가 뒷글자로 넘어가서 소리 나는지 보기 처럼 표시해 보세요.

낱말	발음	넘어가서 소리 나는 받침
보기 울음	[우름]	ㄹ
얼음	[어름]	
나들이	[나드리]	
환경 지킴이	환경 [지키미]	

❷ 다음 그림과 낱말을 보고, 소리 내어 읽은 후 빈칸에 옮겨 쓰세요.

걸	음

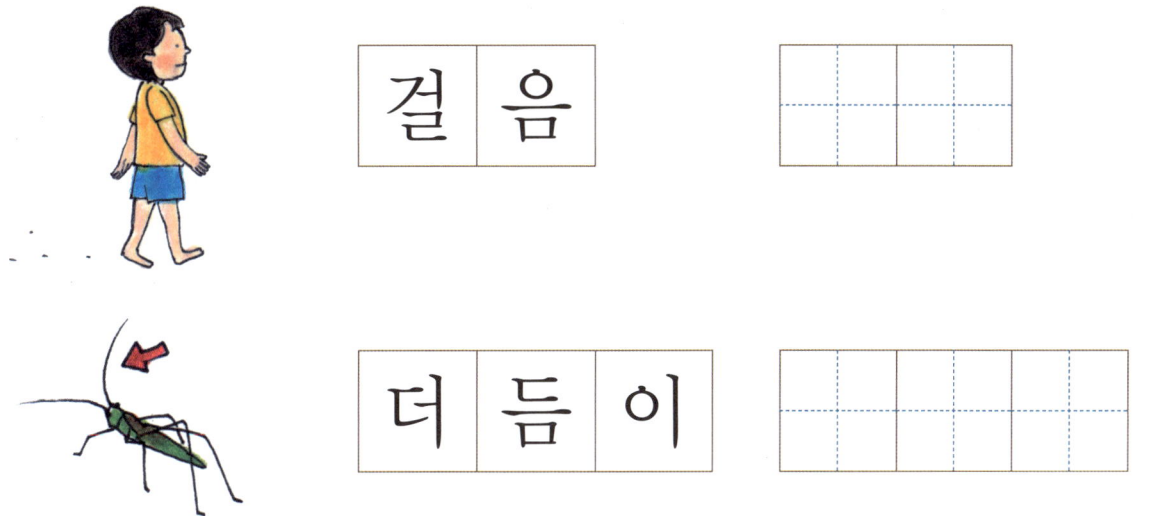

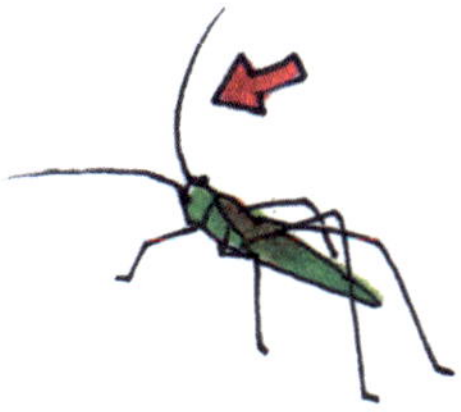

더	듬	이

1회 낱말 연습하기 1

빈칸에 글자를 옮겨 쓰고, 소리 내어 읽어 보세요.

1  졸 업

2 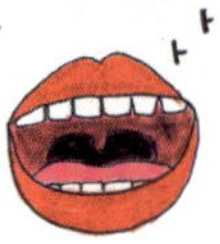 발 음

3  놀 이 터

4  귀 걸 이

5  흔 들 어

6  날 아 와

7  더 듬 이

8  할 아 버 지

9  달 아 나 다

10  넘 어 지 다

2회 낱말 연습하기 2

점수 점/200점

문제를 읽고, 알맞은 낱말에 ○표 한 뒤 빈칸에 옮겨 쓰세요.

1. 물이 얼어서 굳어진 것은 무엇인가요?
   ① 어름 ② 얼음

   얼

2. 꼭 필요한 데만 써서 아끼는 것을 무엇이라 하나요?
   ① 절략 ② 절약 ③ 저략

3. 길고 짧은 정도를 가리키는 말은 무엇인가요?
   ① 길이 ② 기리 ③ 길리

4. 귀에 거는 장식품은 무엇인가요?
   ① 귀거리 ② 귀걸이

   귀

5. 집을 떠나 가까운 곳에 다녀오는 것을 무엇이라고 하나요?
   ① 나들이 ② 나드리

   나

6. 물어 보는 말의 끝에 붙이는 문장 부호는 어느 것인가요?
   ① 물음표 ② 무름표

7. 곤충의 일생을 가리키는 말은 무엇인가요?
   ① 한사리 ② 한살리 ③ 한살이

8. '본래보다 길이를 더 길게 하다.'는 뜻의 낱말은 무엇인가요?
   ① 늘이다 ② 늘리다 ③ 느리다

9. '새처럼 공중에 떠다니며 다가온다.'는 뜻의 말은 무엇인가요?
   ① 날아오다 ② 날라오다 ③ 나라오다

   오다

10. '떠나다'의 반대되는 말은 무엇인가요?
    ① 도라오다 ② 돌아오다

    오다

점수 점/200점

3회 낱말 받아쓰기 1

불러 주는 낱말을 잘 듣고, 빈칸에 받아쓰세요.

PLAY Track-02 (불러 줄 내용은 책 뒤편에 분권 되는 학부모용 지침서 또는 홈페이지 참조)

1

2

3

4

5

6

7

8

9

10

11

12

13

14

15

16

17

18

19

20

4회 낱말 받아쓰기 2

점수 점/200점

불러 주는 낱말을 잘 듣고, 빈칸에 받아쓰세요.

Track-03

1
2
3
4
5
6
7
8
9
10
11
12
13
14
15
16
17
18
19
20

월 일

5회 어구와 문장 연습하기 1

어구나 문장을 소리 내어 읽고,
아래 빈칸에 옮겨 쓰세요.

1. 차가운 얼음 물

   차가운 물

2. 곤충의 한 살이

   곤충의 한

3. 외 톨이 알밤

   외 알밤

4. 비행기가 날아 간다.

   비행기가 간다.

5. 즐거운 음악 시간

   즐거운 시간

6. 봄에 씨를 심어

   씨를 심어

7. 가득 담아

   가득

8. 환경 지킴이

   환경 지

9. 물이 떨어 진다.

   진다.

10. 고무 줄을 늘이 다.

    고무 다.

점수 점/200점

6회 어구와 문장 연습하기 2

□ 안의 틀린 글자를 찾아 ×표 하고, 빈칸에 바르게 고쳐 쓰세요.

틀린 것 찾기	바르게 고쳐 쓰기
❶ 엄마 [~~푸~~ ~~메~~] 안겨	엄마 [품 에] 안겨
❷ [흔 드 러] 깨우다.	[ ] 깨우다.
❸ 모자를 [번 가 라] 써요.	모자를 [ ] 써요.
❹ 쓰레기를 [주 리 다].	쓰레기를 [ ].
❺ 자로 [기 리 를] 재요.	자로 [ ] 재요.
❻ 몰래 [수 머 서] 지켜보니	몰래 [ ] 지켜보니
❼ 얼른 [다 라 나 다].	얼른 [ ].
❽ 눈보라가 [모 라 치 는]	눈보라가 [ ]
❾ [주 를] 서서 [거 러 라].	[ ] 서서 [ ].
❿ [조 름 을] [차 므 며]	[ ] [ ]

7회 어구와 문장 받아쓰기 1

점수　　점/200점

불러 주는 말을 잘 듣고,
띄어쓰기에 유의하며 받아쓰세요.

Track-04

1			V													
2			V													
3			V													
4			V													
5				V												
6				V			V									
7			V				V									
8			V					V								
9			V			V					.					
10				V				V								
11			V					V								
12			V						V							

점수 점/200점

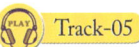

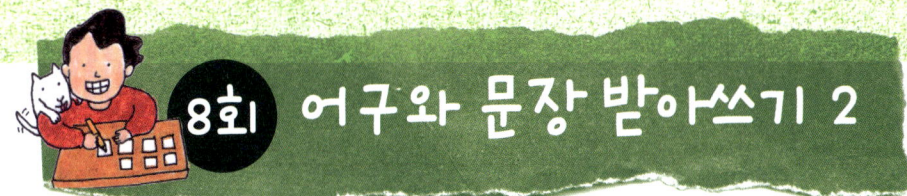

8회 어구와 문장 받아쓰기 2

불러 주는 말을 잘 듣고,
띄어쓰기에 유의하며 받아쓰세요.

Track-05

1			V													
2				V												
3				V												
4				V				.								
5			V			V										
6		V				V			V			.				
7				V				V		V						
8			V			V			V							
9				V				V					.			
10				V			V				V			.		
11				V		V				V						
12							V			V			V			

제 12단계

받침 'ㄱ, ㄴ, ㅂ'이 뒤로 넘어가요

★이것을 공부해요★

위 그림에서 남자아이가 이야기한 대로 앞 글자에 있는 자음 받침이 발음할 때에 뒷글자로 넘어가서 소리 나는 낱말들이 많아요.

★학습 목표★

'모든 자음 + 모음(ㅏ, ㅑ, ㅓ, ㅕ, ㅗ, ㅛ, ㅜ, ㅠ, ㅡ, ㅣ) + (ㄱ, ㄴ, ㅂ 받침)'으로 이루어진 낱말에서 ㄱ, ㄴ, ㅂ 받침이 뒷글자로 넘어가서 발음되는 현상 살펴보기

- 앞 글자의 'ㄱ' 받침이 뒷글자로 넘어가서 소리 나는 현상 알기
- 앞 글자의 'ㄴ' 받침이 뒷글자로 넘어가서 소리 나는 현상 알기
- 앞 글자의 'ㅂ' 받침이 뒷글자로 넘어가서 소리 나는 현상 알기

연습하기

❶ 다음은 앞 글자 받침의 소리가 뒷글자로 넘어가서 발음되는 낱말들입니다. 앞 글자의 어떤 자음자가 뒷글자로 넘어가서 소리 나는지 보기 처럼 표시해 보세요.

낱말	발음	넘어가서 소리 나는 받침
보기 집안	[지반]	ㅂ
낙엽	[나겹]	
어린이	[어리니]	
거북이	[거부기]	
청바지를 입은	청바지를 [이븐]	

❷ 다음 그림과 낱말을 보고, 소리 내어 읽은 후 빈칸에 옮겨 쓰세요.

국	어

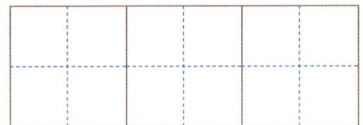

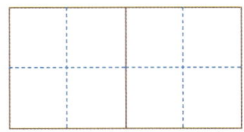

글	쓴	이

월 일

1회 낱말 연습하기 1

빈칸에 글자를 옮겨 쓰고, 소리 내어 읽어 보세요.

1 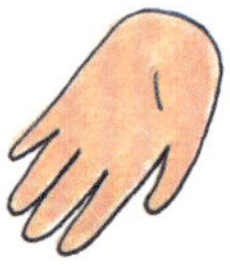

손	에

2 

입	은

3 

오	뚝	이

4 

목	욕	탕

5 

숨	죽	여

6 

글	쓴	이

7 

길	잡	이

8 

울	먹	이	다

9 

반	짝	이	다

10 

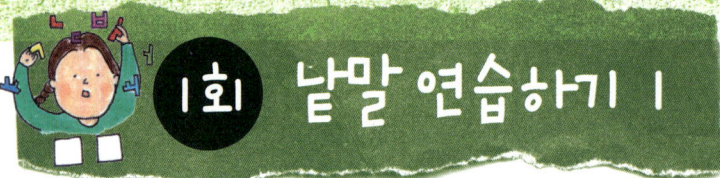

잡	아	가	다

2회 낱말 연습하기 2

점수 점/200점

문제를 읽고, 알맞은 낱말에 ○표 한 뒤 빈칸에 옮겨 쓰세요.

1 동물들에게 주는 먹을거리는 무엇인가요?
① 먹기 ② 먹이 ③ 머기

먹 이

2 위는 사람이고, 아래는 물고기 모양인 상상의 동물은 무엇인가요?
① 인어 ② 이너 ③ 인너

3 떨어진 나뭇잎을 무엇이라고 하나요?
① 나겹 ② 낙엽

4 쓰러졌다가도 벌떡 일어나는 장난감은 무엇인가요?
① 오뚜기 ② 오뚝이 ③ 오뚝기

5 우리말을 배우는 교과서를 무엇이라고 하나요?
① 국어책 ② 구거책

6 수요일 다음 날은 무슨 요일인가요?
① 목요일 ② 모교일 ③ 목교일

일

7 학습에 필요한 여러 가지 물건들을 무엇이라고 하나요?
① 학용품 ② 하공품

8 '어린아이'와 같은 뜻을 가진 말은 무엇인가요?
① 어리니 ② 어린이

어

9 책을 지은 사람을 무엇이라고 부르나요?
① 지은이 ② 지으니

지

10 길을 가르쳐 주는 사람이나 물건을 무엇이라고 하나요?
① 길자비 ② 길잡이

3회 낱말 받아쓰기 1

점수 점/200점

불러 주는 낱말을 잘 듣고, 빈칸에 받아쓰세요.

Track-06

1
2
3
4
5
6
7
8
9
10
11
12
13
14
15
16
17
18
19
20

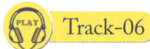

4회 낱말 받아쓰기 2

점수 　　점/200점

불러 주는 낱말을 잘 듣고, 빈칸에 받아쓰세요.

PLAY Track-07

1.
2.
3.
4.
5.
6.
7.
8.
9.
10.
11.
12.
13.
14.
15.
16.
17.
18.
19.
20.

5회 어구와 문장 연습하기 1

어구나 문장을 소리 내어 읽고, 아래 빈칸에 옮겨 쓰세요.

1. 작아진 신발

   □□진 신발

2. 기억에 남는 일

   기□□ 남는 일

3. 고개를 끄덕이며

   고개를 끄□□며

4. 나무에서 떨어진 낙엽

   나무에서 떨어진 □□

5. 어깨를 들썩이다가

   어깨를 들□□다가

6. 실바람을 끌어안으며

   실바람을 끌어□□며

7. 겁이 나서

   □□ 나서

8. 수줍은 얼굴의 미소

   수□□ 얼굴의 미소

9. 등대는 배의 길잡이

   등대는 배의 □□□

10. 답을 적어 보세요.

    □□ □□ 보세요.

6회 어구와 문장 연습하기 2

점수 점/200점

□ 안의 틀린 글자를 찾아 ×표 하고, 빈칸에 바르게 고쳐 쓰세요.

틀린 것 찾기	바르게 고쳐 쓰기
① 너무 [모][기] 말라서	너무 [ ][ ] 말라서
② [소][시][글] 전해 들어서	[ ][ ][ ] 전해 들어서
③ 주스가 [모][그][로] 넘어가	주스가 [ ][ ][ ] 넘어가
④ [벼][그][로] 다가서며	[ ][ ][ ] 다가서며
⑤ [손][뼈][글] 치며 웃어요.	[ ][ ][ ] 치며 웃어요.
⑥ 머리를 [수][긴][다].	머리를 [ ][ ][ ].
⑦ 오늘 [모][곡][당]에 가자.	오늘 [ ][ ][ ]에 가자.
⑧ 용돈 모아 [하][공][품] 사서	용돈 모아 [ ][ ][ ] 사서
⑨ [해][벼][느][로] 가요!	[ ][ ][ ][ ] 가요!
⑩ [한][보][글] [이][븐] 동생	[ ][ ][ ] [ ][ ] 동생

점수 점/200점

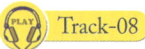

7회 어구와 문장 받아쓰기 1

불러 주는 말을 잘 듣고,
띄어쓰기에 유의하며 받아쓰세요.

Track-08

1				∨												
2					∨			∨								
3					∨		∨			.						
4				∨				∨								
5			∨			∨										
6				∨				∨								
7						∨										
8			∨				∨									
9				∨					∨							
10			∨				∨									
11			∨			∨				∨						
12			∨					∨								

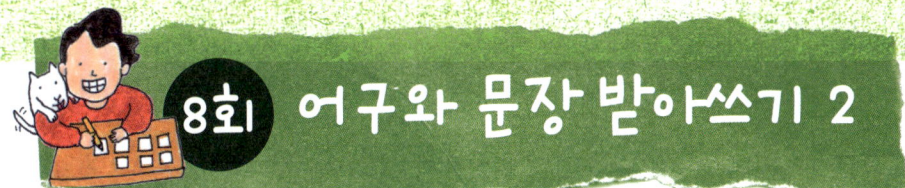

8회 어구와 문장 받아쓰기 2

점수　　점/200점

불러 주는 말을 잘 듣고,
띄어쓰기에 유의하며 받아쓰세요.

Track-09

1			V													
2			V													
3					V											
4				V												
5			V				V									
6		V		V			V									
7					V			V			.					
8			V					V								
9				V					V				.			
10					V				V							
11			V					V								
12			V				V				V				.	

제 13단계

어려운 모음 아래 받침이 뒤로 넘어가요

★이것을 공부해요★

위 그림에서 하윤이는 '활을 잘 쏘는 주몽'을 '화를 잘 쏘는 주몽'이라고 잘못 썼어요. 발음할 때 뒷글자로 넘어간 받침이 원래 글자에서는 앞에 있는 경우가 많다는 것은 배웠지요? 소리 나는 대로 쓰면 위 그림과 같이 틀릴 수 있어요.

★학습 목표★

'모든 자음 + 모음(ㅘ, ㅐ, ㅔ, ㅝ, ㅟ, ㅒ, ㅖ, ㅢ, ㅚ, ㅙ, ㅞ) + (ㄹ, ㅁ, ㄱ, ㄴ, ㅂ 받침)'으로 이루어진 낱말에서 어려운 모음과 함께 쓰인 받침 자음이 뒷글자로 넘어가서 소리 나는 현상 살펴보기

- 앞 글자의 'ㄹ, ㅁ, ㄱ, ㄴ, ㅂ' 받침이 뒷글자로 넘어가서 소리 나는 현상 알기
- 어려운 모음 'ㅘ, ㅐ, ㅔ, ㅝ, ㅟ, ㅒ, ㅖ, ㅢ, ㅚ, ㅙ, ㅞ'의 정확한 발음 구별하기

연습하기

❶ 다음은 앞 글자 받침의 소리가 뒷글자로 넘어가서 발음되는 낱말들입니다. 앞 글자의 어떤 자음자가 뒷글자로 넘어가서 소리 나는지 보기 처럼 표시해 보세요.

낱말	발음	넘어가서 소리 나는 받침
보기 색안경	[새간경]	ㄱ
뱀은	[배믄]	
확인	[화긴]	
책임	[채김]	
궁궐에	[궁궈레]	

❷ 다음 그림과 낱말을 보고, 소리 내어 읽은 후 빈칸에 옮겨 쓰세요.

환	영

공	책	을

1회 낱말 연습하기 1

빈칸에 글자를 옮겨 쓰고, 소리 내어 읽어 보세요.

1. 활을
2. 샘이
3. 댁에
4. 보탬이
5. 됨됨이
6. 꽥꽥이
7. 소원은
8. 경찰관이
9. 현관으로
10. 학원에서

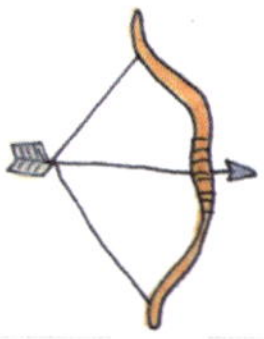

점수 점/200점

2회 낱말 연습하기 2

문제를 읽고, 알맞은 낱말에 ○표 한 뒤 빈칸에 옮겨 쓰세요.

1 오는 사람을 기쁜 마음으로 맞이하는 것을 무엇이라고 하나요?
① 환영 ② 화녕 ③ 환녕

환 영

2 맡아서 해야 할 일을 무엇이라고 하나요?
① 채김 ② 책임

3 정말 그러한지 알아보고 인정하는 것을 무엇이라고 하나요?
① 확인 ② 화긴

4 옛날 벼슬 있는 사람들이 모여 나랏일을 하던 곳은 어디인가요?
① 과나 ② 관아

5 십 원이 열 개 모이면 얼마가 되나요?
① 배 권 ② 백 원 ③ 백 권

6 화요일의 전날은 무슨 요일인가요?
① 월료일 ② 워료일 ③ 월요일

일

7 사람이나 물건의 생긴 모양을 무엇이라고 하나요?
① 됨됨이 ② 됨되미 ③ 됨돼미

8 색깔이 있는 렌즈를 끼운 안경은 무엇인가요?
① 색안경 ② 새간경

9 툭 하면 성을 내며 꽥꽥거리는 사람을 가리키는 말은 무엇인가요?
① 꽥꽥이 ② 꽥꽤기

10 노래 '우리의 ○○○ 통일~'에서 ○ 안에 알맞은 말은 무엇인가요?
① 소워는 ② 소원은

소

점수 　　점/200점

3회 낱말 받아쓰기 1

불러 주는 낱말을 잘 듣고, 빈칸에 받아쓰세요.

PLAY Track-10

1
2
3
4
5
6
7
8
9
10
11
12
13
14
15
16
17
18
19
20

점수 점/200점

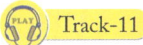

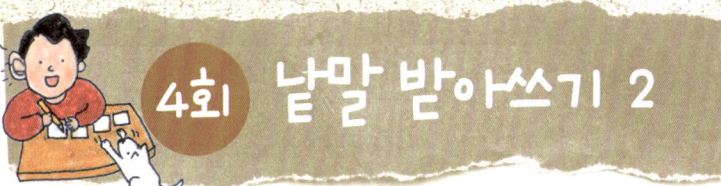

4회 낱말 받아쓰기 2

불러 주는 낱말을 잘 듣고, 빈칸에 받아쓰세요.

Track-11

1

2

3

4

5

6

7

8

9

10

11

12

13

14

15

16

17

18

19

20

5회 어구와 문장 연습하기 1

월 일

어구나 문장을 소리 내어 읽고,
아래 빈칸에 옮겨 쓰세요.

1 수진이는 샘이 나서

수진이는 [ ][ ] 나서

2 댐이 무너져서

[ ][ ] 무너져서

3 답을 확인하면서

답을 [ ][ ] 하면서

4 계단 청소는 내 책임

계단 청소는 내 [ ][ ]

5 새 친구를 환영해요.

새 친구를 [ ][ ] 해요.

6 과수원에 열린 포도

과수 [ ][ ] 열린 포도

7 사진관에 가다가

사진 [ ][ ] 가다가

8 선물 교환을 하자.

선물 교 [ ][ ] 하자.

9 이게 웬일이야?

이게 [ ][ ][ ] 야?

10 월요일의 약속

[ ][ ] 일의 약속

6회 어구와 문장 연습하기 2

점수 점/200점

□ 안의 틀린 글자를 찾아 ×표 하고, 빈칸에 바르게 고쳐 쓰세요.

틀린 것 찾기	바르게 고쳐 쓰기
① [화][를] 잘 쏘는 주몽	[ ][ ] 잘 쏘는 주몽
② [과][나] 로 끌려온 이순신	[관][아] 로 끌려온 이순신
③ 저 멀리 [궁][궈][리] 보여?	저 멀리 [ ][ ][ ] 보여?
④ [생][화][레] 필요한 물건	[ ][ ][ ] 필요한 물건
⑤ 그 애 [됨][되][미] 는 어때?	그 애 [ ][ ][ ] 는 어때?
⑥ [새][간][경] 을 끼고 보면	[ ][ ][ ] 을 끼고 보면
⑦ 그의 [선][태][근] 뭔가?	그의 [ ][ ][ ] 뭔가?
⑧ 네 [소][워][니] 뭐니?	네 [ ][ ][ ] 뭐니?
⑨ 감기로 [병][워][네] 가니?	감기로 [ ][ ][ ] 가니?
⑩ [공][채][기] 두 [궈][니] 야.	[ ][ ][ ] 두 [ ][ ] 야.

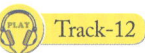

7회 어구와 문장 받아쓰기 1

점수 점/200점

불러 주는 말을 잘 듣고,
띄어쓰기에 유의하며 받아쓰세요.

Track-12

1				V												
2				V												
3					V											
4			V						?							
5				V					.							
6		V				V										
7		V				V				.						
8					V		V				.					
9			V				V									
10		V					V									
11				V			V					.				
12		V				V					V					

점수 점/200점

8회 어구와 문장 받아쓰기 2

불러 주는 말을 잘 듣고,
띄어쓰기에 유의하며 받아쓰세요.

Track-13

1			∨			∨			.							
2			∨			∨										
3		∨			∨											
4					∨		∨									
5					∨		∨									
6			∨					∨								
7			∨				∨					.				
8		∨				∨		∨				.				
9						∨	∨									
10		∨				∨										
11			∨			∨			∨							
12						∨		∨				∨				

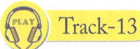

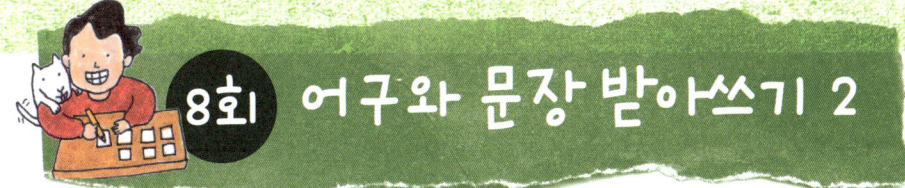

점수 점/200점

중간 평가 1회

□ 안의 틀리게 쓴 낱말을 모두 찾아, 오른쪽 빈칸에 바르게 고쳐 쓰세요.

틀린 것 찾기	바르게 고쳐 쓰기
1. 누나의 [조][럽]	누나의 [ ][ ]
2. 저 하늘의 [벼][를] 따러 가자.	저 하늘의 [ ][ ] 따러 가자.
3. [계][저][레] 맞는 옷	[ ][ ][ ] 맞는 옷
4. 토순이는 [외][토][리]	토순이는 [ ][ ][ ]
5. 내 [이][르][믄] 경은이	내 [ ][ ][ ] 경은이
6. 개미의 [더][드][미]를 찾아요.	개미의 [ ][ ][ ]를 찾아요.
7. [오][뚜][기]는 내 친구	[ ][ ][ ]는 내 친구
8. 꿈에 [도][두][기] 나타나서	꿈에 [ ][ ][ ] 나타나서
9. [공][겨][글] 시작해라.	[ ][ ][ ] 시작해라.
10. [교][화][늘] 해 주세요.	[ ][ ][ ] 해 주세요.

□ 안의 틀리게 쓴 낱말을 모두 찾아, 오른쪽 빈칸에 바르게 고쳐 쓰세요.

틀린 것 찾기	바르게 고쳐 쓰기
① 알을 푸믄 오리	알을 ☐☐ 오리
② 행보글 부르는 고운 마음	☐☐☐ 부르는 고운 마음
③ 올해 수화기 얼마나 되나요?	올해 ☐☐☐ 얼마나 되나요?
④ 그는 우리 민조긔 영웅이다.	그는 우리 ☐☐☐ 영웅이다.
⑤ 푸른 초워늘 함께 달리며	푸른 ☐☐☐ 함께 달리며
⑥ 손토블 예쁘게 자르고	☐☐☐ 예쁘게 자르고
⑦ 해마다 주러드는 농부의 수	해마다 ☐☐☐☐ 농부의 수
⑧ 이게 내 바라미다.	이게 내 ☐☐☐☐.
⑨ 움지기는 연필	☐☐☐☐ 연필
⑩ 십 워느로 무얼 하나요?	☐ ☐☐☐ 무얼 하나요?

점수　　점/200점

중간 평가 1회

불러 주는 말을 잘 듣고, 띄어쓰기에 유의하며 받아쓰세요. PLAY Track-14

1

2

3

4

5

6

7

8

9

10

11

12

13

14

불러 주는 말을 잘 듣고, 띄어쓰기에 유의하며 받아쓰세요. PLAY Track-15

1

2

3

4

5

6

7

8

9

10

11

12

13

14

제 14단계

받침 'ㅋ, ㅍ, ㄲ'이 뒤로 넘어가요

★이것을 공부해요★

윤호는 '무릎' 글자의 받침이 헷갈려서 고민하고 있어요. 그럴 때에는 가만히 발음을 해 보면 앞 글자의 받침을 찾을 수 있어요. '무릎이[무르피]'를 발음할 때, 뒤에 [피]라고 소리가 나잖아요? 이때의 'ㅍ'은 바로 앞 글자의 받침이 넘어온 것이랍니다.

★학습 목표★

'ㅋ, ㅍ, ㄲ 받침 + 모음' 으로 이루어진 낱말에서 모음 앞에 'ㅋ, ㅍ, ㄲ' 받침이 뒤로 넘어가는 경우 살펴보기

- 앞 글자의 'ㅋ' 받침이 뒷글자로 넘어가서 소리 나는 현상 알기
- 앞 글자의 'ㅍ' 받침이 뒷글자로 넘어가서 소리 나는 현상 알기
- 앞 글자의 'ㄲ' 받침이 뒷글자로 넘어가서 소리 나는 현상 알기

연습하기

❶ 앞 글자의 받침이 뒷글자로 넘어가서 소리 나는 낱말들입니다. 낱말들을 읽어 보고, [ ]처럼 소리 나는지 살펴보세요. 또, 어떤 소리가 뒷글자로 넘어가서 소리 나는지 보기 처럼 표시해 보세요.

낱말	발음	넘어가서 소리 나는 받침
보기 앞에서	[아페서]	ㅍ
덮어	[더퍼]	
밖으로	[바끄로]	
부엌이	[부어키]	
엎어지다	[어퍼지다]	

❷ 다음 그림과 낱말을 보고, 소리 내어 읽은 후 빈칸에 옮겨 쓰세요.

묶	음

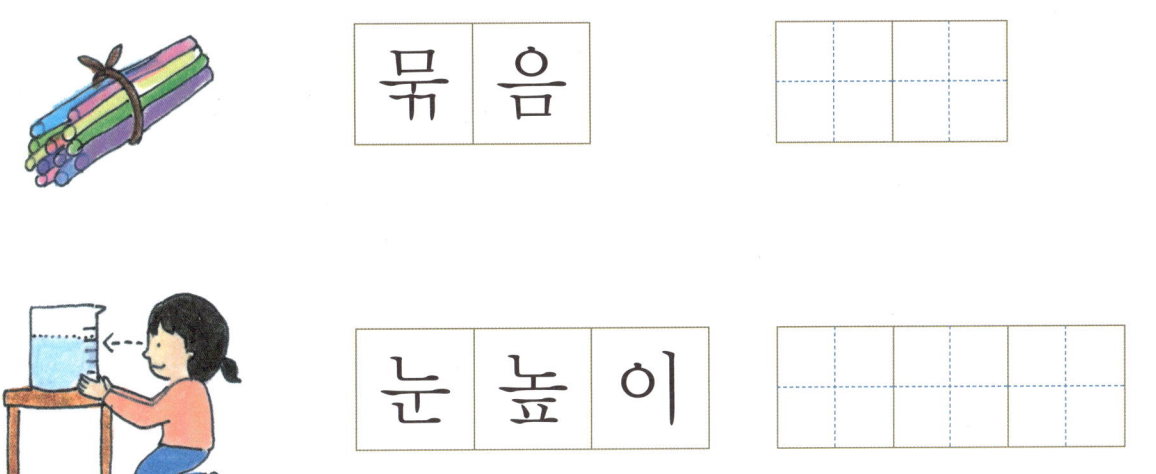

눈	높	이

1회 낱말 연습하기 1

월 일

빈칸에 글자를 옮겨 쓰고, 소리 내어 읽어 보세요.

1 

잎	을

2 

옆	에

3 

깎	아

4 

낚	아

5 

엮	어

6 

무	릎	이

7 

눈	높	이

8 

부	엌	이

9 

엎	어	지	다

10 

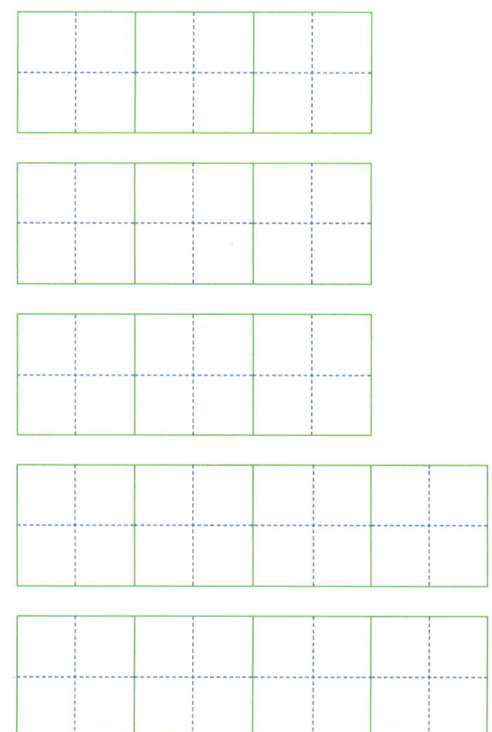

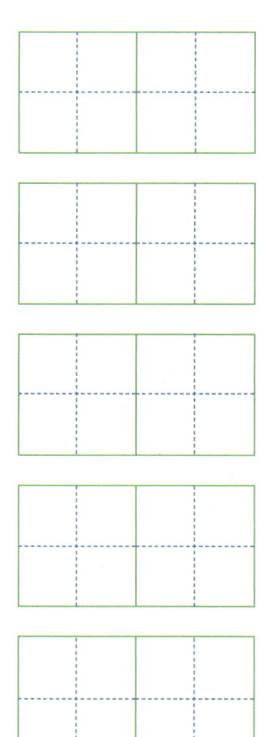

높	아	지	다

점수 점/200점

2회 낱말 연습하기 2

문제를 읽고, 알맞은 낱말에 ○표 한 뒤 빈칸에 옮겨 쓰세요.

1 아래에서 위까지 높은 정도를 가리키는 말은 무엇인가요?
① 높이 ② 노피 ③ 놉이

높 이

2 위에서 밑바닥까지의 거리를 가리키는 말은 무엇인가요?
① 깊이 ② 기피 ③ 깁피

3 한데 모아 묶어 놓은 덩이를 무엇이라고 하나요?
① 무끔 ② 묶음 ③ 묵끔

4 물건 값을 낮추는 것을 뜻하는 말은 무엇인가요?
① 깍까 ② 깎아 ③ 까까

5 여러 가닥을 어긋나게 매어 어떤 물건을 만드는 것은 무엇인가요?
① 엮어 ② 역꺼 ③ 여꺼

6 촘촘히 나 있는 것을 골라 뽑는 것을 무엇이라고 하나요?
① 솎아 ② 속까 ③ 소까

7 바닥에서부터 관찰하는 사람의 눈까지의 높이를 무엇이라고 하나요?
① 눈높이 ② 눈노피

눈

8 남이 나를 해롭게 한 대로 나도 그를 해롭게 하는 일은 무엇인가요?
① 앙가픔 ② 앙갚음

앙

9 밥에 야채와 고기를 넣고 볶은 맛있는 밥은 무엇인가요?
① 복끔밥 ② 보끔밥 ③ 볶음밥

밥

10 물고기를 잡거나 무엇인가를 갑자기 잡아채는 행동은 무엇인가요?
① 나끄러 ② 낚으러

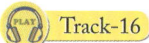

3회 낱말 받아쓰기 1

점수 점/200점

불러 주는 낱말을 잘 듣고, 빈칸에 받아쓰세요.

Track-16

1.
2.
3.
4.
5.
6.
7.
8.
9.
10.
11.
12.
13.
14.
15.
16.
17.
18.
19.
20.

4회 낱말 받아쓰기 2

점수 점/200점

불러 주는 낱말을 잘 듣고, 빈칸에 받아쓰세요.

Track-17

1
2
3
4
5
6
7
8
9
10
11
12
13
14
15
16
17
18
19
20

5회 어구와 문장 연습하기 1

월 일

어구나 문장을 소리 내어 읽고,
아래 빈칸에 옮겨 쓰세요.

1. 하늘 높이 날아서

   하늘 □□ 날아서

2. 깊은 산속에

   □□ 산속에

3. 먹고 싶은 것은

   먹고 □□ 것은

4. 은혜 갚은 까치

   은혜 □□ 까치

5. 이불을 잘 덮어 주고

   이불을 잘 □□ 주고

6. 그릇을 엎어 두고

   그릇을 □□ 두고

7. 눈앞의 경치

   눈□□ 경치

8. 색종이 한 묶음

   색종이 한 □□

9. 이야기를 엮어 볼까?

   이야기를 □□ 볼까?

10. 김치볶음밥을 먹고

    김치□□□을 먹고

6회 어구와 문장 연습하기 2

점수 점/200점

□ 안의 틀린 글자를 찾아 ×표 하고, 빈칸에 바르게 고쳐 쓰세요.

틀린 것 찾기	바르게 고쳐 쓰기
① [기][피] 잠든 아이	[ ][ ] 잠든 아이
② 내가 가지고 [서 ×][품 ×] 것	내가 가지고 [ ][ ] 것
③ 파랑 [이][페] 파랑비	파랑 [잎][에] 파랑비
④ 내일 꼭 [가][플] 테니	내일 꼭 [ ][ ] 테니
⑤ 눈물을 [다][까] 주면서	눈물을 [ ][ ] 주면서
⑥ 연필을 칼로 [까][까] 서	연필을 칼로 [ ][ ] 서
⑦ 오색실 [여][꺼] 꼬리 달아	오색실 [ ][ ] 꼬리 달아
⑧ 쥐에게 [앙][가][픔] 을 하고	쥐에게 [앙][갚][음] 을 하고
⑨ 여러 가지를 [서][꺼][서]	여러 가지를 [ ][ ][ ]
⑩ [부][어][키] 어디야?	[ ][ ][ ] 어디야?

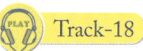

7회 어구와 문장 받아쓰기 1

점수 점/200점

불러 주는 말을 잘 듣고,
띄어쓰기에 유의하며 받아쓰세요.

Track-18

1			V													
2			V													
3			V			V										
4			V													
5				V												
6				V		V										
7		V				V										
8				V				V								
9			V				V									
10					V			V			V					
11			V				V				V					
12				V				V			.					

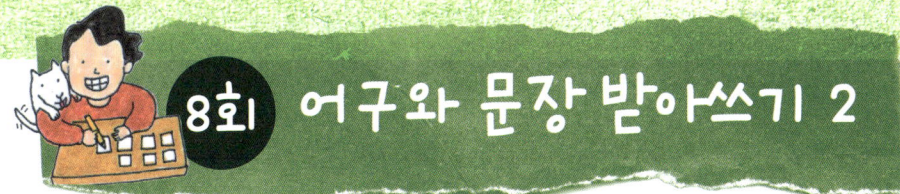

8회 어구와 문장 받아쓰기 2

점수 점/200점

불러 주는 말을 잘 듣고,
띄어쓰기에 유의하며 받아쓰세요.

Track-19

1			V		V											
2					V											
3				V			V			.						
4				V			V									
5				V			V									
6				V				V								
7			V			V			V							
8				V		V			V							
9			V		V			V				.				
10		V				V				V			.			
11				V			V				V					
12			V					V			V			.		

제 15단계

받침 'ㄷ, ㅅ, ㅆ, ㅈ, ㅊ, ㅌ'이 뒤로 넘어가요

★이것을 공부해요★

위 그림의 형은 앞 글자의 받침이 뒷글자로 넘어가서 소리 나는 글자들을 바르게 알고 있어요. 여러분도 이제 이런 글자들이 쉽게 느껴질 거예요.

★학습 목표★

'ㄷ, ㅅ, ㅆ, ㅈ, ㅊ, ㅌ 받침 + 모음'으로 이루어진 낱말에서, 모음 앞에 'ㄷ, ㅅ, ㅆ, ㅈ, ㅊ, ㅌ' 받침이 뒷글자로 넘어가서 소리 나는 현상 살펴보기

- 앞 글자의 'ㅅ, ㅆ, ㅈ' 받침이 뒷글자로 넘어가서 소리 나는 현상 알기
- 앞 글자의 'ㄷ, ㅊ, ㅌ' 받침이 뒷글자로 넘어가서 소리 나는 현상 알기

연습하기

❶ 앞 글자의 받침이 뒷글자로 넘어가는 낱말들입니다. 다음 낱말들을 읽어 보고, [　]처럼 소리 나는지 살펴보세요. 또, 어떤 소리가 뒷글자로 넘어가서 소리 나는지 보기 처럼 표시해 보세요.

낱말	발음	넘어가서 소리 나는 받침
보기 찢어진	[찌저진]	ㅈ
빛이	[비치]	
같은	[가튼]	
이웃이	[이우시]	
있으니	[이쓰니]	
닫아라	[다다라]	

❷ 다음 그림과 낱말을 보고, 소리 내어 읽은 후 빈칸에 옮겨 쓰세요.

믿	음

웃	으	며

월 일

1회 낱말 연습하기 1

빈칸에 글자를 옮겨 쓰고, 소리 내어 읽어 보세요.

1  웃음

2  맛이

3  낮에

4  꽃이

5  밑에

6  씻어라

7  찢어진

8  풀밭에

9  쏟아지다

10  쫓아가면

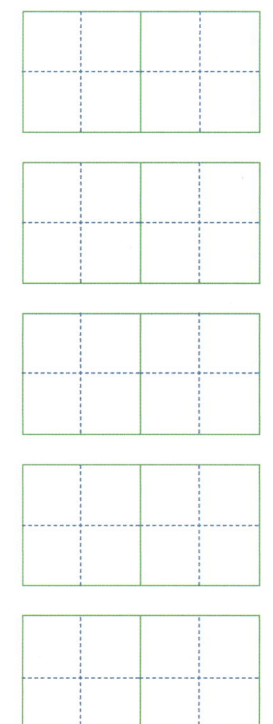

2회 낱말 연습하기 2

점수 　　점/200점

문제를 읽고, 알맞은 낱말에 ○표 한 뒤 빈칸에 옮겨 쓰세요.

1 '둘이-(　　)-넷이'에서 (　　)에 들어갈 말은 무엇인가요?

① 셋이　② 세시　③ 셋시

셋이

2 알고 있던 것을 기억하지 못하는 상태를 무엇이라고 하나요?

① 잊어　② 이저

3 사실이나 사람을 믿는 마음을 무엇이라고 하나요?

① 미듬　② 믿듬　③ 믿음

4 붙은 것을 떼거나 찢는 행동은 무엇인가요?

① 뜯어　② 뜨더

5 통나무 네 쪽으로 된 명절 놀잇감은 무엇인가요?

① 유츌　② 윷을　③ 유슬

6 서로 닿아서 떨어지지 않는 상태는 무엇인가요?

① 붙은　② 붙은　③ 부튼

7 한 동네에서 가까이 사는 사람은 누구인가요?

① 이우시　② 이욷이　③ 이웃이

이

8 오랫동안 반복하여 몸에 익어 버린 행동은 무엇인가요?

① 버릇이　② 버르시

버

9 책을 꽂아 두는 물건은 무엇인가요?

① 책꼬지　② 책꽂이

10 '안으로'의 반대되는 뜻을 가진 말은 무엇인가요?

① 바깥으로　② 바까트로

점수 점/200점

3회 낱말 받아쓰기 1

불러 주는 낱말을 잘 듣고, 빈칸에 받아쓰세요.

Track-20

1
2
3
4
5
6
7
8
9
10
11
12
13
14
15
16
17
18
19
20

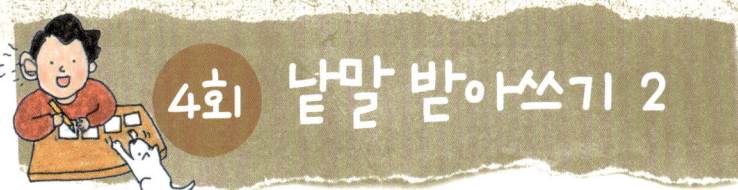

4회 낱말 받아쓰기 2

점수 점/200점

불러 주는 낱말을 잘 듣고, 빈칸에 받아쓰세요.

Track-21

1

2

3

4

5

6

7

8

9

10

11

12

13

14

15

16

17

18

19

20

5회 어구와 문장 연습하기 1

월 일

어구나 문장을 소리 내어 읽고,
아래 빈칸에 옮겨 쓰세요.

1 웃음 꽃이 피는 동네

꽃이 피는 동네

2 비 맞은 강아지

비 강아지

3 종이를 찢어 버려서

종이를 버려서

4 보물을 얻어

보물을

5 술래는 쫓아 가서

술래는 가서

6 꿈 같은 이야기

꿈 이야기

7 나는 몸짓이 매우 둔하여

나는 매우 둔하여

8 달맞이 가면

가면

9 논밭의 열매

열매

10 무엇인지 살펴봐서

살펴봐서

6회 어구와 문장 연습하기 2

점수 　점/200점

□ 안의 틀린 글자를 찾아 ×표 하고, 빈칸에 바르게 고쳐 쓰세요.

틀린 것 찾기	바르게 고쳐 쓰기
① 새해를 [마̶][지̶] 하는	새해를 [맞][이] 하는
② [찌][저][진] 우산을 들고	[ ][ ][ ] 우산을 들고
③ [유][츨] 던져서	[ ][ ] 던져서
④ 벽에 [부][튼] 종이	벽에 [ ][ ] 종이
⑤ 시소 타는 [고][세][는]	시소 타는 [ ][ ][ ]
⑥ [꼬][츨] 선물하다.	[ ][ ] 선물하다.
⑦ [논][바][테] 일하러 가다.	[ ][ ][ ] 일하러 가다.
⑧ 냄새를 [마][트][면]	냄새를 [ ][ ][ ]
⑨ 머리를 [비][서] [주][다].	머리를 [ ][ ] [ ][ ].
⑩ 깜빡 [이][저][버][리][면]	깜빡 [ ][ ][ ][ ][ ]

7회 어구와 문장 받아쓰기 1

점수 점/200점

불러 주는 말을 잘 듣고,
띄어쓰기에 유의하며 받아쓰세요.

Track-22

1			V					.								
2			V													
3			V			V										
4					V											
5				V												
6		V					V									
7				V				V								
8				V				V								
9			V					V								
10				V					V							
11			V			V			V							
12		V			V				V							

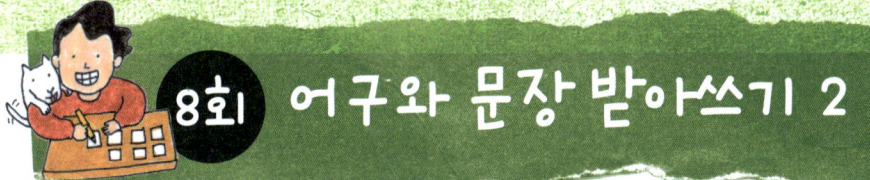

8회 어구와 문장 받아쓰기 2

점수 점/200점

불러 주는 말을 잘 듣고,
띄어쓰기에 유의하며 받아쓰세요.

Track-23

1			∨			∨										
2			∨			∨					.					
3				∨				∨			.					
4				∨			∨		∨							
5				∨					∨							
6			∨				∨		∨							
7				∨				∨								
8				∨			∨									
9					∨			∨			∨			.		
10					∨					∨						
11				∨		∨					∨				.	
12				∨					∨							

점수 점/200점

종합 평가 1회

□ 안의 틀리게 쓴 낱말을 모두 찾아, 오른쪽 빈칸에 바르게 고쳐 쓰세요.

틀린 것 찾기	바르게 고쳐 쓰기
❶ 은혜를 가픈	은혜를 □□
❷ 수건으로 다끈 후	수건으로 □□ 후
❸ 빨강 꼬체 빨강비	빨강 □□ 빨강비
❹ 집 아페서	집 □□□
❺ 발을 씨서라.	발을 □□□.
❻ 물마시 시원하다.	□□□ 시원하다.
❼ 시소 타는 고세는	시소 타는 □□□
❽ 김치 보끔밥	김치 □□□
❾ 밥이 꿀마시다.	밥이 □□□□.
❿ 새해를 마지하는	새해를 □□□□

점수 점/200점

불러 주는 말을 잘 듣고, 띄어쓰기에 유의하며 받아쓰세요. Track-24

1

2

3

4

5

6

7

8

9

10

11

12

점수 점/200점

종합 평가 1회

불러 주는 말을 잘 듣고, 띄어쓰기에 유의하며 받아쓰세요. Track-25

1

2

3

4

5

6

7

8

9

10

11

12

점수 점/200점

불러 주는 말을 잘 듣고, 띄어쓰기에 유의하며 받아쓰세요. PLAY Track-26

1

2

3

4

5

6

7

8

9

10

11

12

점수 점/200점

종합 평가 1회

불러 주는 말을 잘 듣고, 띄어쓰기에 유의하며 받아쓰세요. Track-27

1

2

3

4

5

6

7

8

9

10

11

12

더 연습하기

틀린 글자나 문장을 연습해요.

제 16단계

받침 'ㄱ, ㄷ, ㅂ' 때문에 된소리가 나요

★이것을 공부해요★

'학교'를 발음하면 왜 [학꾜]라고 소리 나는 것일까요? 왜 이렇게 소리 나는지 알아볼까요? '학교'를 천천히 소리 내어 읽어 보세요. '학'을 소리 내어 읽으면 [학] 소리가 날 때 이미 목구멍이 막히는 느낌이 들지 않나요? 이 때 '교'를 이어서 발음하면 [ㄱ] 음이 두 개 겹쳐진 [ㄲ]으로 소리 난답니다.

★학습 목표★

'앞 글자의 받침(ㄱ, ㄷ, ㅂ) + 뒷글자의 첫소리(ㄱ, ㄷ, ㅂ, ㅅ, ㅈ)'일 때 나타나는 소리 변화 살펴보기

- 앞 글자의 받침 'ㄱ, ㄷ, ㅂ' 뒤에 오는 글자의 첫소리가 'ㄱ, ㄷ, ㅂ, ㅅ, ㅈ'이면 뒷글자의 첫소리가 된소리(ㄲ, ㄸ, ㅃ, ㅆ, ㅉ)로 되는 현상 알기

연습하기

❶ 보기 글자의 모양과 다르게 세게 발음이 되는 글자에 ○표 하세요.

보기 학(교) 숟(가)락

축구	듣다	받다
입술	밥솥	색종이
무겁다	종이 접시	애국가를 부르자.

❷ 다음 그림과 낱말을 보고, 소리 내어 읽은 후 빈칸에 옮겨 쓰세요.

입	술

	술

걷	기

독	수	리

1회 낱말 연습하기 1

월 일

빈칸에 글자를 옮겨 쓰고, 소리 내어 읽어 보세요.

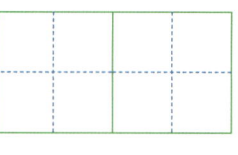

❶ 

악 기

❷ 

약 국

❸ 

축 구

❹ 

학 교

❺ 

목 소 리

❻ 

독 수 리

❼ 

태 극 기

❽ 

걷 기

❾ 

듣 기

❿ 

입 술

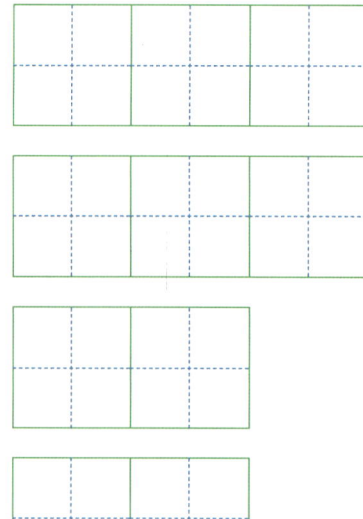

2회 낱말 연습하기 2

점수 점/200점

문제를 읽고, 알맞은 낱말에 ○표 한 뒤 빈칸에 옮겨 쓰세요.

1 영화를 상영하는 곳은 어디인가요?
① 극짱 ② 극장

2 벽에 아무렇게나 그린 그림을 무엇이라고 하나요?
① 낙서 ② 낙써

3 책을 읽는 것을 한자어로 무엇이라고 하나요?
① 독서 ② 독써

4 설날에 먹는 음식은 무엇인가요?
① 떡꾹 ② 떡국

5 친구와 꼭 지키기로 다짐을 하는 것을 무엇이라고 하나요?
① 약속 ② 약쏙

6 여름에 즐겨 먹는 하모니카 모양의 곡식은 무엇인가요?
① 옥쑤수 ② 옥수수

7 빨래를 해 주는 기계는 무엇인가요?
① 세탁기 ② 세탁끼

8 한 사람이 술래가 되어 숨은 사람을 찾는 놀이는 무엇인가요?
① 숨바꼭질 ② 숨바꼭찔

9 '열다'의 반대되는 말은 무엇인가요?
① 닫따 ② 닫다

10 과일을 예쁘게 깎아서 주로 어디에 담아 놓나요?
① 접씨 ② 접시

점수　　점/200점

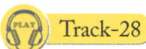

3회 낱말 받아쓰기 1

불러 주는 낱말을 잘 듣고, 빈칸에 받아쓰세요.

Track-28

1.
2.
3.
4.
5.
6.
7.
8.
9.
10.
11.
12.
13.
14.
15.
16.
17.
18.
19.
20.

4회 낱말 받아쓰기 2

점수 　　점/200점

불러 주는 낱말을 잘 듣고, 빈칸에 받아쓰세요.

PLAY Track-29

1

2

3

4

5

6

7

8

9

10

11

12

13

14

15

16

17

18

19

20

5회 어구와 문장 연습하기 1

월 일

어구나 문장을 소리 내어 읽고,
아래 빈칸에 옮겨 쓰세요.

1. 애국가를 부르자.
   ______를 부르자.

2. 재미있는 낙서
   재미있는 ______

3. 맛있는 떡국
   맛있는 ______

4. 어두운 골목길
   어두운 ______

5. 뜨거운 옥수수
   뜨거운 ______

6. 욕심을 부리다가
   ______을 부리다가

7. 육상부와 축구부
   ______부와 ______부

8. 학교에서 공부해요.
   ______에서 공부해요.

9. 상을 받다.
   상을 ______.

10. 입술을 움직여서
    ______을 움직여서

6회 어구와 문장 연습하기 2

점수 점/200점

□ 안의 틀린 글자를 찾아 ×표 하고, 빈칸에 바르게 고쳐 쓰세요.

번호	틀린 것 찾기	바르게 고쳐 쓰기
1	각~~짜~~ 숙~~째~~ 하자.	□자 □□ 하자.
2	곡씩을 거두는 가을	□□을 거두는 가을
3	낙써를 하는 것이	□□를 하는 것이
4	점심 식싸를 하다가	점심 □□를 하다가
5	음악씰에서 나는 소리	음□□에서 나는 소리
6	학꾜 주변을 걷따.	□□ 주변을 □□.
7	음악을 듣따.	음악을 □□.
8	급씩씰에서 주는 밥	□□□에서 주는 밥
9	나는 형이 부럽따.	나는 형이 부□□.
10	학꾜 안이 덥따.	□□ 안이 □□.

7회 어구와 문장 받아쓰기 1

점수　　점/200점

불러 주는 말을 잘 듣고,
띄어쓰기에 유의하며 받아쓰세요.

Track-30

❶

❷

❸

❹

❺

❻

❼

❽

❾

❿

⓫

⓬

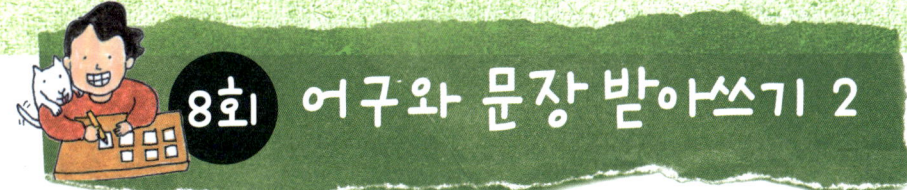

8회 어구와 문장 받아쓰기 2

점수 점/200점

불러 주는 말을 잘 듣고,
띄어쓰기에 유의하며 받아쓰세요.

Track-31

1				V			V									
2			V			V										
3				V				V				.				
4					V											
5					V					.						
6			V			V				.						
7				V			V				.					
8				V			V					.				
9				V				V			.					
10					V			V								
11				V			V			V						
12				V					V							

제 17단계

받침 'ㄴ, ㄹ, ㅁ, ㅇ' 때문에 된소리가 나요

★이것을 공부해요★

'잠자리'는 잠자릿과의 곤충을 이르는 말로 때에는 [잠자리]로 소리 나요. 그런데 '잠자리'가 잠을 자는 이부자리의 뜻으로 쓰였을 때에는 [잠짜리]로 소리 나지요. 잠을 자는 이부자리의 뜻으로 쓰인 '잠자리'는 '잠+자리'와 같이 두 개의 낱말로 이루어져 있기 때문에 글자의 모양과 소리가 다릅니다.

★학습 목표★

'앞 글자의 받침(ㄴ, ㄹ, ㅁ, ㅇ) + 뒷글자의 첫소리(ㄱ, ㄷ, ㅂ, ㅅ, ㅈ)'일 때 나타나는 소리 변화 살펴보기

- 앞 글자의 받침 'ㄴ, ㄹ, ㅁ, ㅇ' 뒤에 오는 글자의 첫소리가 'ㄱ, ㄷ, ㅂ, ㅅ, ㅈ'이면 뒷글자의 첫소리가 된소리(ㄲ, ㄸ, ㅃ, ㅆ, ㅉ)로 되는 현상 알기

연습하기

❶ 보기 글자의 모양과 다르게 세게 발음이 되는 글자에 ○표 하세요.

보기	글○자 발○자국
용돈	물결
글자	밤길
설사	발바닥
눈사람	알림장

❷ 다음 그림과 낱말을 보고, 소리 내어 읽은 후 빈칸에 옮겨 쓰세요.

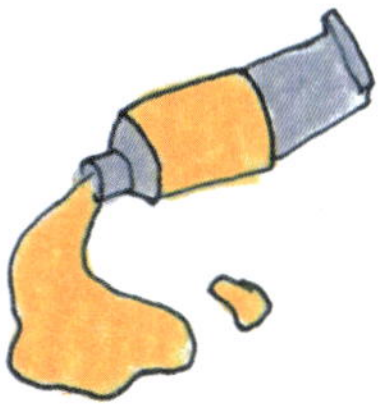

물 감

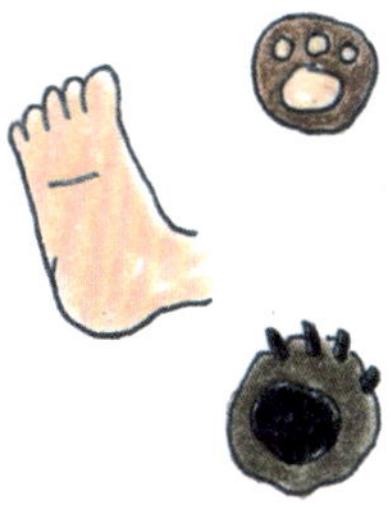

발 바 닥

보 름 달

1회 낱말 연습하기 1

월 일

빈칸에 글자를 옮겨 쓰고, 소리 내어 읽어 보세요.

1 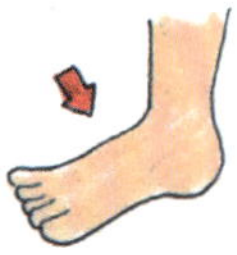

발	등

2 

용	돈

3 

걸	상

4 

글	자

5 

물	감

6 

등	불

7 

알	림	장

8 

물	고	기

9 

오	솔	길

10 

장	바	구	니

점수 점/200점

2회 낱말 연습하기 2

문제를 읽고, 알맞은 낱말에 ○표 한 뒤 빈칸에 옮겨 쓰세요.

1 손의 바깥을 가리키는 말은 무엇인가요?
① 손뜽 ② 손등

2 시장에 갈 때에 물건을 담기 위해 가져가는 것은 무엇인가요?
① 장바구니 ② 장빠구니

3 돌멩이의 뾰족한 부분을 가리키는 말은 무엇인가요?
① 돌부리 ② 돌뿌리

4 물이 움직이는 모양을 뜻하는 말은 무엇인가요?
① 물결 ② 물껼

결

5 '손가락'의 반대되는 말은 무엇인가요?
① 발가락 ② 발까락

발

6 발로 밟은 자리에 남은 모양은 무엇인가요?
① 발짜국 ② 발자국

7 숲 속에 난 작은 길을 무엇이라고 하나요?
① 오솔길 ② 오솔낄

오

8 문을 열 때 필요한 것은 무엇인가요?
① 열쐬 ② 열쇠

9 여러 나물들을 모아 고추장을 넣어 비벼 먹는 밥은 무엇인가요?
① 비빔밥 ② 비빔빱

10 대보름에 볼 수 있는 달은 무엇인가요?
① 보름달 ② 보름딸

3회 낱말 받아쓰기 1

점수 점/200점

불러 주는 낱말을 잘 듣고, 빈칸에 받아쓰세요.

PLAY Track-32

1

2

3

4

5

6

7

8

9

10

11

12

13

14

15

16

17

18

19

20

4회 낱말 받아쓰기 2

점수 점/200점

불러 주는 낱말을 잘 듣고, 빈칸에 받아쓰세요.

Track-33

1
2
3
4
5
6
7
8
9
10
11
12
13
14
15
16
17
18
19
20

5회 어구와 문장 연습하기 1

월 일

어구나 문장을 소리 내어 읽고,
아래 빈칸에 옮겨 쓰세요.

1. 눈사람을 만들어요.

   람을 만들어요.

2. 손바닥을 비벼요.

   닥을 비벼요.

3. 무거운 걸상

   무거운

4. 글자를 배워요.

   를 배워요.

5. 물감으로 그려요.

   으로 그려요.

6. 발걸음도 가볍게

   음도 가볍게

7. 살결이 곱다.

   이 곱다.

8. 밤길 조심해.

   조심해.

9. 보름달이 둥글다.

   보 이 둥글다.

10. 용돈이 모자라요.

    이 모자라요.

6회 어구와 문장 연습하기 2

점수 점/200점

□ 안의 틀린 글자를 찾아 ×표 하고, 빈칸에 바르게 고쳐 쓰세요.

틀린 것 찾기

1. 어머니의 [손][뜽] 이 거칠다.
2. [들][쮜] 가족이 살다가
3. 누구의 [발][짜] 국일까?
4. 비 [빔][빱] 맛있게 먹고서
5. 무 [심][껼] 에 말해 버리다.
6. 작은 알을 [품][꼬]
7. [몸][찝] 큰 [눈][싸][람]
8. [길][까] 에 나무를 [심][짜].
9. 알 [림][짱] 을 쓰기 위해
10. [불][낄] 에 [검][께] 탄

바르게 고쳐 쓰기

1. 어머니의 [ ][등] 이 거칠다.
2. [ ][ ] 가족이 살다가
3. 누구의 [ ][ ] 국일까?
4. 비 [ ][ ] 맛있게 먹고서
5. 무 [ ][ ] 에 말해 버리다.
6. 작은 알을 [ ][ ]
7. [ ][ ] 큰 [ ][ ][ ]
8. [ ][ ] 에 나무를 [ ][ ].
9. 알 [ ][ ] 을 쓰기 위해
10. [ ][ ] 에 [ ][ ] 탄

점수 점/200점

7회 어구와 문장 받아쓰기 1

불러 주는 말을 잘 듣고,
띄어쓰기에 유의하며 받아쓰세요.

Track-34

1				V			.									
2				V			.									
3				V			.									
4				V												
5			V				V									
6				V				.								
7					V			.								
8					V				.							
9					V				.							
10					V											
11					V				.							
12						V			.							

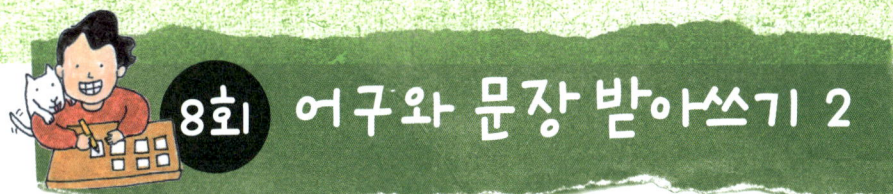

8회 어구와 문장 받아쓰기 2

점수 점/200점

불러 주는 말을 잘 듣고,
띄어쓰기에 유의하며 받아쓰세요.

Track-35

1			V			V										
2					V				V				.			
3					V			V								
4				V					V				.			
5				V				V								
6		V			V				.							
7				V				V								
8					V			V								
9					V				V					.		
10					V			V				.				
11		V			V			V								
12					V					V			.			

제 18단계

어려운 모음 아래 받침 때문에 된소리가 나요

★이것을 공부해요★

나는 청군이고
너는 백군[백군]이야.
그럴 땐
[백꾼]이라고
발음하는 거야.
바보~

앞에서 어려운 모음들을 배웠지요? 이번 단계에서는 어려운 모음과 받침 6개가 들어간 낱말들의 된소리 되기를 공부해요.

★학습 목표★

'앞 글자의 모음(ㅘ, ㅐ, ㅔ, ㅝ, ㅟ, ㅒ, ㅖ, ㅢ, ㅚ, ㅙ, ㅞ) + 받침(ㄱ, ㄷ, ㅂ/ㄴ, ㄹ, ㅁ, ㅇ) + 뒷글자의 첫소리(ㄱ, ㄷ, ㅂ, ㅅ, ㅈ)'일 때 나타나는 소리 변화 살펴보기

- 어려운 모음이 있는 낱말 바르게 읽고 쓰기
- 앞 글자의 받침 'ㄱ, ㄷ, ㅂ/ㄴ, ㄹ, ㅁ, ㅇ' 뒤에 오는 글자의 첫소리가 'ㄱ, ㄷ, ㅂ, ㅅ, ㅈ'이면 뒷글자의 첫소리가 된소리(ㄲ, ㄸ, ㅃ, ㅆ, ㅉ)로 되는 현상 알기

연습하기

❶ 보기 글자의 모양과 다르게 세게 발음이 되는 글자에 ○표 하세요.

보기	책상	색종이

택시	액자
백두산	백설기
새색시	책가방

❷ 다음 그림과 낱말을 보고, 소리 내어 읽은 후 빈칸에 옮겨 쓰세요.

책 장

땔 감

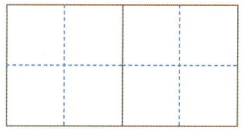

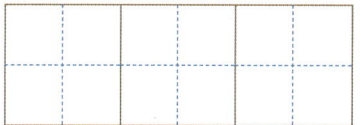

여 객 기

1회 낱말 연습하기 1

월 일

빈칸에 글자를 옮겨 쓰고, 소리 내어 읽어 보세요.

1  액자

2  책상

3  택시

4  백두산

5  색동옷

6  색종이

7  책가방

8  책받침

9  백과사전

10 $6-3=3$ 뺄셈

2회 낱말 연습하기 2

점수 　　점/200점

문제를 읽고, 알맞은 낱말에 ○표 한 뒤 빈칸에 옮겨 쓰세요.

1. 운동회에서 청군과 대결하는 팀을 무엇이라고 부르나요?
① 백군　　② 백꾼

2. 아기들이 첫돌이 되었을 때 먹는 떡은 무엇인가요?
① 백설기　　② 백썰기

백 설 기

3. 소리 없이 조용히 내리는 비를 일컫는 말은 무엇인가요?
① 색시비　　② 색씨비

4. 책장과 책장의 사이를 가리키는 말은 무엇인가요?
① 책갈피　　② 책깔피

5. 결혼한 지 얼마 안 된 여자를 부르는 말은 무엇인가요?
① 새색시　　② 새색씨

새

6. 고춧가루를 많이 넣은 음식의 맛은 어떤가요?
① 맵따　　② 맵다

7. 아름답고 보기 좋은 모양새를 나타내는 말은 무엇인가요?
① 맵시　　② 맵씨

8. '차가운 국'을 뜻하는 말은 무엇인가요?
① 냉국　　② 냉꾹

9. 불을 때는 데 쓰는 재료를 무엇이라고 하나요?
① 땔깜　　② 땔감

10. 몸을 움직여 행동하는 것을 뜻하는 말은 무엇인가요?
① 활똥　　② 활동

3회 낱말 받아쓰기 1

점수 점/200점

불러 주는 낱말을 잘 듣고, 빈칸에 받아쓰세요.

Track-36

1
2
3
4
5
6
7
8
9
10
11
12
13
14
15
16
17
18
19
20

4회 낱말 받아쓰기 2

점수 점/200점

불러 주는 낱말을 잘 듣고, 빈칸에 받아쓰세요.

PLAY Track-37

1

2

3

4

5

6

7

8

9

10

11

12

13

14

15

16

17

18

19

20

5회 어구와 문장 연습하기 1

월 일

어구나 문장을 소리 내어 읽고,
아래 빈칸에 옮겨 쓰세요.

1. 백군 이겨라.
   □□ 이겨라.

2. 백설기 떡을 먹고
   □□기 떡을 먹고

3. 수줍은 새색시
   수줍은 새□□

4. 여러 가지 색종이
   여러 가지 □□이

5. 노란 색지를 오려서
   노란 □□를 오려서

6. 국어 책과 수학책
   국어 □□ 수학책

7. 책상이 크다.
   □□이 크다.

8. 고추가 맵다.
   고추가 □□.

9. 맵시가 곱다.
   □□가 곱다.

10. 뺄셈은 어려워.
    □□은 어려워.

점수 점/200점

6회 어구와 문장 연습하기 2

□ 안의 틀린 글자를 찾아 ×표 하고, 빈칸에 바르게 고쳐 쓰세요.

틀린 것 찾기	바르게 고쳐 쓰기
① 객 ~~꽌~~ 식 문제가 더 쉽다.	☐ 관 식 문제가 더 쉽다.
② 백 뚜 산의 천지	☐☐ 산의 천지
③ 색 똥 저고리 맵시가 곱다.	☐☐ 저고리 맵시가 곱다.
④ 오 색 씰 로 작품을 만들어	오 ☐☐ 로 작품을 만들어
⑤ 애들이 왁 짜 지껄 떠든다.	애들이 ☐☐ 지껄 떠든다.
⑥ 비가 좍 쫙 내린다.	비가 ☐☐ 내린다.
⑦ 책 짱 에 책을 바로 꽂아라.	☐☐ 에 책을 바로 꽂아라.
⑧ 활 쭈 로 위의 비행기	☐☐ 로 위의 비행기
⑨ 금 속 활 짜 의 발명	☐☐☐☐ 의 발명
⑩ 시원한 오이 냉 꾹	시원한 오이 ☐☐

점수 점/200점

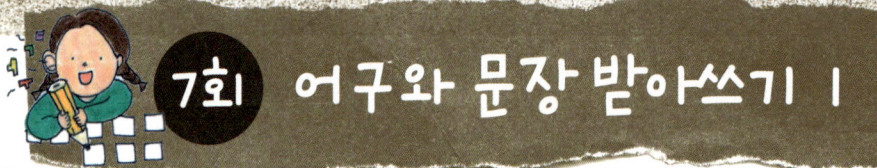

7회 어구와 문장 받아쓰기 1

불러 주는 말을 잘 듣고,
띄어쓰기에 유의하며 받아쓰세요.

Track-38

1

2

3

4

5

6

7

8

9

10

11

12

점수 　　 점/200점

8회 어구와 문장 받아쓰기 2

불러 주는 말을 잘 듣고,
띄어쓰기에 유의하며 받아쓰세요.

Track-39

1			V			V										
2				V			V			V						
3					V				V			.				
4				V					V			V			.	
5				V			V			V				.		
6				V				V			.					
7				V		V			.							
8				V			V		V							
9						V				V				.		
10			V				V			V				.		
11					V					V				.		
12				V					V							

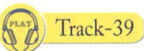

점수 점/200점

중간 평가 2회

□ 안의 틀리게 쓴 낱말을 모두 찾아, 오른쪽 빈칸에 바르게 고쳐 쓰세요.

틀린 것 찾기	바르게 고쳐 쓰기
1 맛있는 떡꾹	맛있는 □□
2 뜨거운 옥쑤수	뜨거운 □□□
3 학꾜에서 공부해요.	□□에서 공부해요.
4 용똔이 모자라요.	□□이 모자라요.
5 밤낄 조심해.	□□ 조심해.
6 보름딸이 둥글다.	보□□이 둥글다.
7 발껄음도 가볍게	□□음도 가볍게
8 고추가 맵따.	고추가 □□.
9 밥쌍이 크다.	□□이 크다.
10 수줍은 새색씨	수줍은 새□□

□ 안의 틀리게 쓴 낱말을 모두 찾아, 오른쪽 빈칸에 바르게 고쳐 쓰세요.

틀린 것 찾기	바르게 고쳐 쓰기
① □백꾼□ 이겨라.	□ □ 이겨라.
② □뺄셈□ 은 어려워.	□ □ 은 어려워.
③ □맵씨□ 가 곱다.	□ □ 가 곱다.
④ 어두운 골 □목낄□	어두운 골 □ □
⑤ 재미있는 □낙써□	재미있는 □ □
⑥ 애 □국까□ 를 부르자.	애 □ □ 를 부르자.
⑦ □물깜□ 으로 그려요.	□ □ 으로 그려요.
⑧ 알 □림짱□ 에 적어요.	알 □ □ 에 적어요.
⑨ □물꼬□ 기를 길러요.	□ □ 기를 길러요.
⑩ 무거운 □걸쌍□	무거운 □ □

점수 점/200점

중간 평가 2회

불러 주는 말을 잘 듣고, 띄어쓰기에 유의하며 받아쓰세요. Track-40

1

2

3

4

5

6

7

8

9

10

11

12

13

14

불러 주는 말을 잘 듣고, 띄어쓰기에 유의하며 받아쓰세요. PLAY Track-41

1

2

3

4

5

6

7

8

9

10

11

12

13

14

제 19단계

받침 'ㅋ, ㅍ, ㄲ' 때문에 된소리가 나요

★이것을 공부해요★

받침이 'ㅍ'인 낱말은 [ㅂ]으로 소리 나요. '앞'이 [압]으로 소리 나는 경우를 보면 알 수 있어요. 그리고 'ㄲ'과 'ㅋ'은 [ㄱ]으로 소리가 나요. '밖'이 [박]으로, '부엌'이 [부억]으로 소리 나는 경우를 보면 알 수 있지요. 이렇게 받침이 'ㄲ, ㅋ, ㅍ'인 낱말은 [ㄱ], [ㅂ]으로 소리 나기 때문에 뒷글자의 첫소리가 된소리가 돼요.

★학습 목표★

'앞 글자의 받침(ㅋ, ㅍ, ㄲ) + 뒷글자의 첫소리(ㄱ, ㄷ, ㅂ, ㅅ, ㅈ)'일 때 나타나는 소리 변화 살펴보기

- 앞 글자의 받침 'ㅋ, ㅍ, ㄲ' 뒤에 오는 글자의 첫소리가 'ㄱ, ㄷ, ㅂ, ㅅ, ㅈ'이면 뒷글자의 첫소리가 된소리(ㄲ, ㄸ, ㅃ, ㅆ, ㅉ)로 되는 현상 알기

연습하기

❶ 보기 글자의 모양과 다르게 세게 발음이 되는 글자에 ○표 하세요.

보기 낚시 앞다리

덮밥	닦다
섞다	앞다리
엎드려	밥을 볶다.

❷ 다음 그림과 낱말을 보고, 소리 내어 읽은 후 빈칸에 옮겨 쓰세요.

낚	시

섞	다

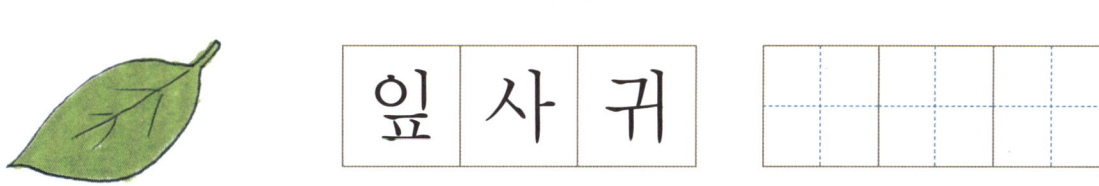

잎	사	귀

1회 낱말 연습하기 1

빈칸에 글자를 옮겨 쓰고, 소리 내어 읽어 보세요.

1  덮개

2  숲속

3  옆줄

4  앞구르기

5  엎드리다

6  낚시

7  닦다

8  묶다

9  볶다

10  섞다

2회 낱말 연습하기 2

점수 점/200점

문제를 읽고, 알맞은 낱말에 ○표 한 뒤 빈칸에 옮겨 쓰세요.

1. 겉에서 속까지의 거리가 먼 것을 뜻하는 말은 무엇인가요?
   ① 깁다 ② 깊다 ③ 깊따

   깊 다

2. 반찬을 밥 위에 얹어 먹는 음식을 무엇이라고 하나요?
   ① 덥밥 ② 덥빱 ③ 덮밥

3. 우리 집 옆에 있는 집을 무엇이라고 하나요?
   ① 옆집 ② 엽찝 ③ 옆찝

4. 체육 시간에 매트에서 앞으로 구르는 동작은 무엇인가요?
   ① 압구르기 ② 앞꾸르기 ③ 앞구르기

5. 옷의 앞판에 있는 주머니는 무엇인가요?
   ① 앞주머니 ② 압주머니 ③ 앞쭈머니

6. 몸을 바닥에 붙여 누운 모양을 뜻하는 말은 무엇인가요?
   ① 엎드리다 ② 업뜨리다 ③ 업드리다

7. 물고기를 잡는 것을 무엇이라고 하나요?
   ① 낚시 ② 낚씨 ③ 낙시

8. 더러운 것을 없애기 위해 문지르는 행동은 무엇인가요?
   ① 닦다 ② 닥다 ③ 닦따

9. 끈이나 줄을 풀어지지 않게 하는 것을 무엇이라고 하나요?
   ① 묵다 ② 묶다 ③ 묶따

10. 두 가지 이상의 것을 하나로 합치는 것은 무엇인가요?
    ① 석다 ② 석따 ③ 섞다

점수　　점/200점

3회 낱말 받아쓰기 1

불러 주는 낱말을 잘 듣고, 빈칸에 받아쓰세요.

Track-42

1

2

3

4

5

6

7

8

9

10

11

12

13

14

15

16

17

18

19

20

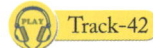

4회 낱말 받아쓰기 2

점수　　점/200점

불러 주는 낱말을 잘 듣고, 빈칸에 받아쓰세요.

PLAY Track-43

1.
2.
3.
4.
5.
6.
7.
8.
9.
10.
11.
12.
13.
14.
15.
16.
17.
18.
19.
20.

월 일

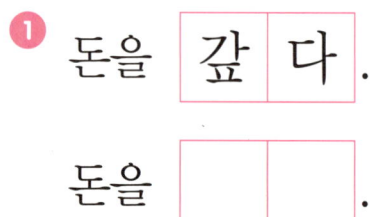

5회 어구와 문장 연습하기 1

어구나 문장을 소리 내어 읽고, 아래 빈칸에 옮겨 쓰세요.

1. 돈을 갚다.
   돈을 [ ][ ].

2. 오징어 덮밥
   오징어 [ ][ ]

3. 앞뒤를 살피다.
   [ ][ ]를 살피다.

4. 앞산에 오르다.
   [ ][ ]에 오르다.

5. 봉사에 앞장 서다.
   봉사에 [ ][ ] 서다.

6. 앞집에 살아요.
   [ ][ ]에 살아요.

7. 옆선을 다려요.
   [ ][ ]을 다려요.

8. 짚단을 태우다.
   [ ][ ]을 태우다.

9. 그릇을 닦다.
   그릇을 [ ][ ].

10. 머리를 묶다.
    머리를 [ ][ ].

6회 어구와 문장 연습하기 2

점수 점/200점

□ 안의 틀린 글자를 찾아 ×표 하고, 빈칸에 바르게 고쳐 쓰세요.

틀린 것 찾기	바르게 고쳐 쓰기
① 귀 [덮][~~개~~] 를 하면 따뜻해.	귀 [ ][개] 를 하면 따뜻해.
② [숲][쏙] 공기가 상쾌하다.	[ ][ ] 공기가 상쾌하다.
③ [앞][꾸]르기 하니 어지럽다.	[ ][ ]르기 하니 어지럽다.
④ [앞][쭈]머니에 돈을 넣었다.	[ ][ ]머니에 돈을 넣었다.
⑤ 철수가 영수를 [앞][찌]르다.	철수가 영수를 [ ][ ]르다.
⑥ [엽][빵]에 있는 동생	[ ][ ]에 있는 동생
⑦ [잎][싸]귀가 아름답다.	[ ][ ]귀가 아름답다.
⑧ [짚][뿔]에 고구마를 굽다.	[ ][ ]에 고구마를 굽다.
⑨ 공부하라고 [닦][딸] 한다.	공부하라고 [ ][ ] 한다.
⑩ 멸치를 맛있게 [볶][따].	멸치를 맛있게 [ ][ ].

7회 어구와 문장 받아쓰기 1

점수 　　점/200점

불러 주는 말을 잘 듣고,
띄어쓰기에 유의하며 받아쓰세요.

Track-44

1.
2.
3.
4.
5.
6.
7.
8.
9.
10.
11.
12.

8회 어구와 문장 받아쓰기 2

점수 점/200점

불러 주는 말을 잘 듣고,
띄어쓰기에 유의하며 받아쓰세요.

Track-45

1				V			V			.						
2				V		V			V				.			
3			V			V										
4			V			V				.						
5				V		V				V			.			
6				V				V			V			.		
7					V											
8			V			V										
9				V				V				V			.	
10				V				V				V			.	
11			V			V					V					
12					V					V						

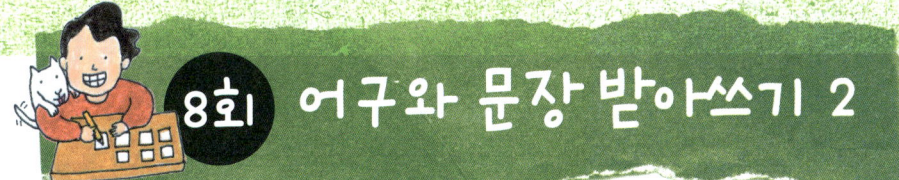

제 20단계

받침 'ㅅ, ㅆ, ㅈ, ㅊ, ㅌ' 때문에 된소리가 나요

★이것을 공부해요★

앞 글자의 받침이 'ㅅ, ㅆ, ㅈ/ㅊ, ㅌ'인 경우, 뒷글자의 첫소리는 된소리가 되지요. 특히, 받침이 'ㅆ'인 낱말은 과거를 나타내는 말을 쓸 때 자주 사용한답니다. '갔다, 했다' 등의 낱말에 쓰인 'ㅆ'을 보면 알 수 있지요.

★학습 목표★

'앞 글자의 받침(ㅅ, ㅆ, ㅈ, ㅊ, ㅌ) + 뒷글자의 첫소리(ㄱ, ㄷ, ㅂ, ㅅ, ㅈ)'일 때 나타나는 소리 변화 살펴보기

- 앞 글자의 받침 'ㅅ, ㅆ, ㅈ, ㅊ, ㅌ' 뒤에 오는 글자의 첫소리가 'ㄱ, ㄷ, ㅂ, ㅅ, ㅈ'이면 뒷글자의 첫소리가 된소리(ㄲ, ㄸ, ㅃ, ㅆ, ㅉ)로 되는 현상 알기

연습하기

1 보기 글자의 모양과 다르게 세게 발음이 되는 글자에 ○표 하세요.

보기 곶(감) 옷(걸)이

옷장	낮잠
꽃밭	밑줄
숯덩이	빼앗다
미소를 짓다.	밑그림

2 다음 그림과 낱말을 보고, 소리 내어 읽은 후 빈칸에 옮겨 쓰세요.

곶 감

연 못 가

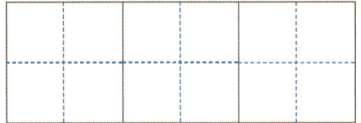

꽃 동 산

1회 낱말 연습하기 1

월 일

빈칸에 글자를 옮겨 쓰고, 소리 내어 읽어 보세요.

1 

맛	살

2 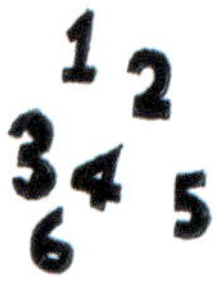

숫	자

3 

옷	걸	이

4 

옷	고	름

5 

연	못	가

6 

곶	감

7 

낮	잠

8 

꽃	게

9 

꽃	밭

10 

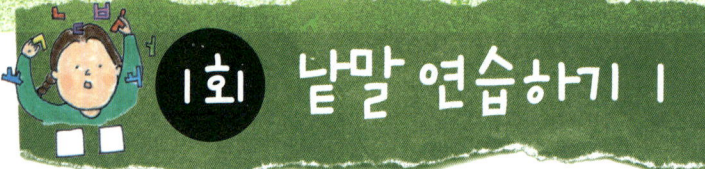

숯	덩	이

점수 점/200점

2회 낱말 연습하기 2

문제를 읽고, 알맞은 낱말에 ○표 한 뒤 빈칸에 옮겨 쓰세요.

1 옷을 넣어 두는 가구는 무엇인가요?
① 옷짱 ② 옷장 ③ 옫장

2 아직 덜 익은 사과를 무엇이라고 하나요?
① 풋사과 ② 풋싸과 ③ 푿사과

풋 사 과

3 그 해에 새로 난 밤은 무엇인가요?
① 햇빰 ② 햇밤 ③ 핻빰

4 남의 것을 억지로 자기 것으로 만드는 것을 무엇이라고 하나요?
① 빼았다 ② 빼앗다 ③ 빼아따

5 아침에 늦게까지 자는 잠을 무엇이라고 하나요?
① 늦잠 ② 늦짬 ③ 늗잠

6 물이 배어 축축하게 된 상태를 뜻하는 말은 어느 것인가요?
① 젖다 ② 젇다 ③ 젖따

7 꽃을 심어 가꾼 밭을 무엇이라고 하나요?
① 꼳밭 ② 꽃밭 ③ 꽃빹

8 처음 만나서 서먹서먹한 상태를 나타내는 말은 어느 것인가요?
① 낯설다 ② 낟설다 ③ 낯썰다

다

9 '어떤 일을 담당하다.'라는 뜻을 가진 말은 무엇인가요?
① 맡다 ② 맏다 ③ 맡따

10 놓치지 않도록 단단히 쥐는 행동을 무엇이라고 하나요?
① 붇잡다 ② 붙잡다 ③ 붙짭다

3회 낱말 받아쓰기 1

점수 점/200점

불러 주는 낱말을 잘 듣고, 빈칸에 받아쓰세요.

Track-46

1
2
3
4
5
6
7
8
9
10
11
12
13
14
15
16
17
18
19
20

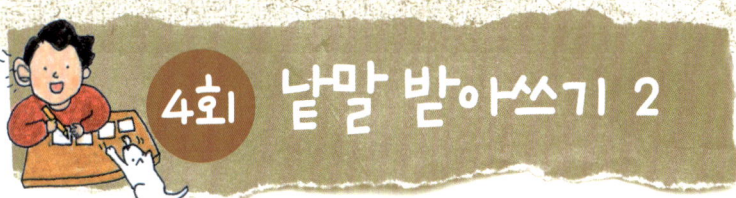

4회 낱말 받아쓰기 2

점수 점/200점

불러 주는 낱말을 잘 듣고, 빈칸에 받아쓰세요.

Track-47

1.
2.
3.
4.
5.
6.
7.
8.
9.
10.
11.
12.
13.
14.
15.
16.
17.
18.
19.
20.

5회 어구와 문장 연습하기 1

월 일

어구나 문장을 소리 내어 읽고,
아래 빈칸에 옮겨 쓰세요.

1. 옷장 속의 옷걸이

   ___ 속의 ___이

2. 숫자 놀이

   ___ 놀이

3. 재미있는 글짓기

   재미있는 글___

4. 덜 익은 풋사과

   덜 익은 ___과

5. 맛있는 곶감

   맛있는 ___

6. 송편을 빚다.

   송편을 ___.

7. 숨은그림찾기

   숨은그림___

8. 꽃들에게 희망을

   ___에게 희망을

9. 꽃반지를 주고받다.

   ___지를 주고받다.

10. 아름다운 꽃밭

    아름다운 ___

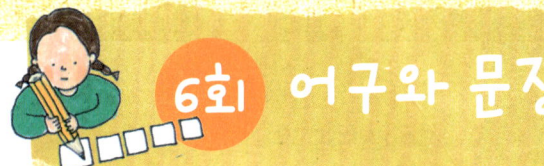

6회 어구와 문장 연습하기 2

점수　　점/200점

□ 안의 틀린 글자를 찾아 ×표 하고, 빈칸에 바르게 고쳐 쓰세요.

틀린 것 찾기	바르게 고쳐 쓰기
① 깨끗하게 [~~씻~~ ~~따~~].	깨끗하게 [□ 다].
② 고소하고 맛있는 [햇 빰]	고소하고 맛있는 [□ □]
③ 호랑이가 무서워하는 [곳 깜]	호랑이가 무서워하는 [□ □]
④ 아침에 [늦 짬] 을 자서	아침에 [□ □] 을 자서
⑤ 비에 옷이 [젖 따].	비에 옷이 [□ □].
⑥ [알 맞 게] 익은 포도	[□ □ □] 익은 포도
⑦ 맛있는 [꽃 게] 찜	맛있는 [□ □] 찜
⑧ 새집이 매우 [낯 썰 다].	새집이 매우 [□ □ □].
⑨ 쌍둥이는 생일이 [같 따].	쌍둥이는 생일이 [□ □].
⑩ [꽃 빹] 에 꽃이 [폈 따].	[□ □] 에 꽃이 [□ □].

점수 점/200점

7회 어구와 문장 받아쓰기 1

불러 주는 말을 잘 듣고,
띄어쓰기에 유의하며 받아쓰세요.

Track-48

1

2

3

4

5

6

7

8

9

10

11

12

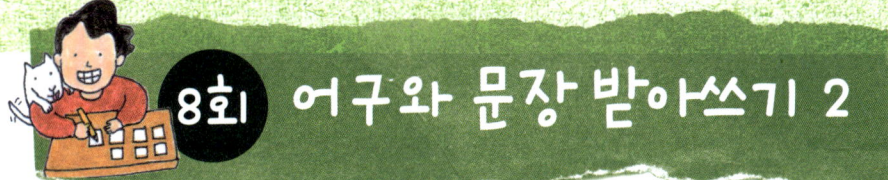

8회 어구와 문장 받아쓰기 2

점수 점/200점

불러 주는 말을 잘 듣고,
띄어쓰기에 유의하며 받아쓰세요.

Track-49

1			∨			∨			.							
2				∨						∨						
3			∨			∨		∨			.					
4			∨				∨			.						
5					∨			∨								
6					∨				∨			.				
7					∨				∨							
8			∨		∨											
9			∨				∨									
10				∨				∨			∨			.		
11				∨				∨			∨					
12					∨			∨			.					

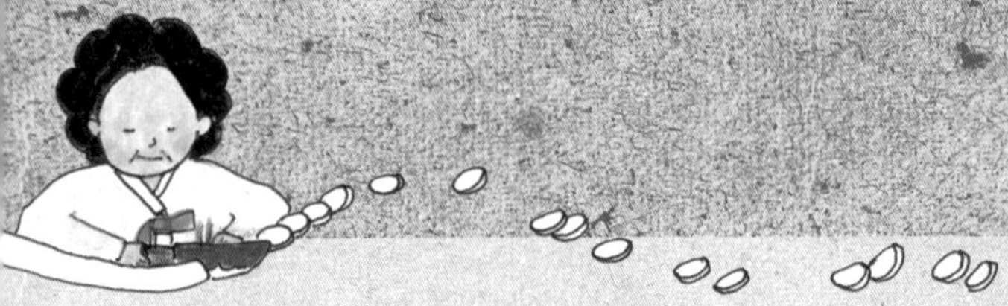

점수 점/200점

종합 평가 2회

□ 안의 틀리게 쓴 낱말을 모두 찾아, 오른쪽 빈칸에 바르게 고쳐 쓰세요.

틀린 것 찾기	바르게 고쳐 쓰기
❶ [입쑬]을 움직이다.	[ ]을 움직이다.
❷ [육쌍]부와 [축꾸]부	[ ]부와 [ ]부
❸ [글짜]를 배워요.	[ ]를 배워요.
❹ [살껼]이 [곱따].	[ ]이 [ ].
❺ [백썰]기 떡을 [먹꼬]	[ ]기 떡을 [ ]
❻ 노란 [색찌]를 오려서	노란 [ ]를 오려서
❼ 숨은그림[찾끼]	숨은그림[ ]
❽ [옷짱] 속의 [옷껄]이	[ ] 속의 [ ]이
❾ 그릇을 [닦따].	그릇을 [ ].
❿ 돈을 다 [갚따].	돈을 다 [ ].

점수 점/200점

불러 주는 말을 잘 듣고, 띄어쓰기에 유의하며 받아쓰세요. Track-50

1
2
3
4
5
6
7
8
9
10
11
12

점수 점/200점

종합 평가 2회

불러 주는 말을 잘 듣고, 띄어쓰기에 유의하며 받아쓰세요. PLAY Track-51

1

2

3

4

5

6

7

8

9

10

11

12

점수 점/200점

불러 주는 말을 잘 듣고, 띄어쓰기에 유의하며 받아쓰세요. Track-52

1

2

3

4

5

6

7

8

9

10

11

12

점수 점/200점

종합 평가 2회

불러 주는 말을 잘 듣고, 띄어쓰기에 유의하며 받아쓰세요. Track-53

❶

❷

❸

❹

❺

❻

❼

❽

❾

❿

⓫

⓬

더 연습하기

틀린 글자나 문장을 연습해요.

〈기적의 명문장 따라쓰기〉

책 한 권을 백 번 읽는 효과
쓰는 힘, 생각하는 힘을 동시에 기르자!

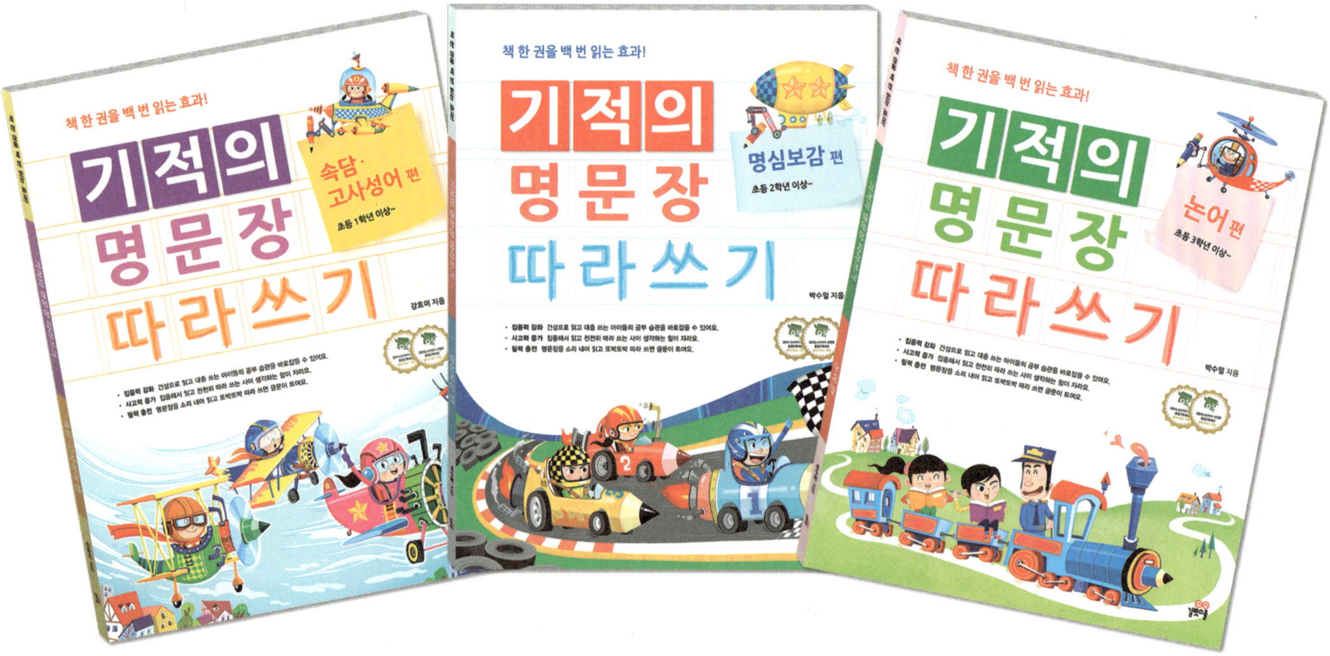

지혜로운 어린이로 거듭나기 위한 **'필사(筆寫) 프로젝트'**

속담·고사성어 편 | 저자 강효미 | 124쪽 | 초등 1학년 이상~ | 10,000원
명심보감 편 | 저자 박수밀 | 128쪽 | 초등 2학년 이상~ | 10,000원
논어 편 | 저자 박수밀 | 124쪽 | 초등 3학년 이상~ | 10,000원

〈기적의 명문장 따라쓰기〉 한 권이면 이런 효과를 얻을 수 있어요!

1 집중력 강화

50일 동안 하루 한 문장씩 집중해서 또박또박 읽고, 천천히 따라 쓰는 사이에 자연스럽게 집중력이 강화됩니다. 건성으로 공부하는 아이들의 학습 습관을 〈기적의 명문장 따라쓰기〉 한 권으로 바로잡을 수 있습니다.

2 사고력 증가

'이야기 한 토막', '생각 다지기' '생각 넓히기' 코너를 통해 명문장의 의미와 유래를 이해하기 쉽도록 구성했습니다, 집중해서 읽고 천천히 따라쓰면서 아이의 깊이 있는 사고를 유도합니다.

3 필력 충전

열 번 읽는 것보다 한 번 직접 써 보는 것이 학습 효과 면에서 훨씬 뛰어납니다. 명문장을 소리 내어 읽으면서 따라 쓰면 예쁜 글씨체를 익힐 수 있고, 나날이 성장하는 아이의 필력을 눈으로 확인할 수 있습니다.

〈기적의 일기 쓰기〉

30일 완성 글쓰기 프로그램
일기 쓰기가 척척! 글쓰기 실력은 쑥쑥!

"엄마, 일기는 어떻게 써요?"

아이들의 질문에 대한 명쾌한 해답!

일기를 한 줄도 못 쓰는 아이들에게 일기 쓰는 가장 쉬운 방법을 알려 주는 교재

구성

최영환 · 문경은 · 이수희 · 이선욱 지음

7세~초등 2학년 | 각 권 8,000원 | 세트 24,000원

1권 시간과 장소를 중심으로 일기 쓰기

2권 인물과 사건을 중심으로 일기 쓰기

3권 시간, 장소, 인물, 사건의 조합으로 일기 쓰기

특징

- 시간, 장소, 인물, 사건의 4가지 키워드로 생각을 정리해요.
- 체계적인 원리 학습을 통해 일기 쓰기의 기초부터 응용까지 익혀요.
- 단계별 학부모 지도팁이 상세하게 제공되어 홈스쿨링이 가능해요.

끝말잇기

기적의 받아쓰기 2권 공부가 끝났어요.
새로 알게 된 낱말을 하나 골라 재미있게 끝말잇기를 해 보세요.

기적의 학습법

<기적의 한글 학습> 최영환 교수의 받아쓰기 프로그램!
2007년 출간 이래 최고의 베스트셀러!

기적의 받아쓰기

개정판

2권 알기 쉬운 소리의 변화 〈7세~초등 2학년〉

학부모용 지침서

40단계 프로그램으로 쓰기의 힘을 키운다.
듣고, 쓰는 연습을 통해 국어 듣기 능력과 어휘력을 한 단계 높인다.
한국어 문법, 한글 맞춤법, 띄어쓰기, 원고지 사용법까지 한번에 익힌다.

최영환 지음

길벗스쿨

<기적의 한글 학습> 최영환 교수의 받아쓰기 프로그램!
2007년 출간 이래 최고의 베스트셀러!

기적의 받아쓰기

개정판

2권 알기 쉬운 소리의 변화 – 학부모용

〈7세~초등 2학년〉

길벗스쿨

이 책의 활용 방법

❶ 목표 확인

목표를 생각하면서 공부를 하면 효과가 높다는 연구 결과가 많습니다. 받아쓰기에서도 무엇을 학습해야 하는지 정확하게 알면 초점이 분명해지기 때문에, 불필요한 부분을 배제하고 효율적으로 지도할 수 있습니다. 아이들이 학습 목표가 아닌 부분을 틀렸을 경우에도 참고만 하시고, 학습에 포함시키지 않는 것이 좋습니다. 목표를 단일화해야만 합니다. 이 점을 반드시 기억해 주 시오.

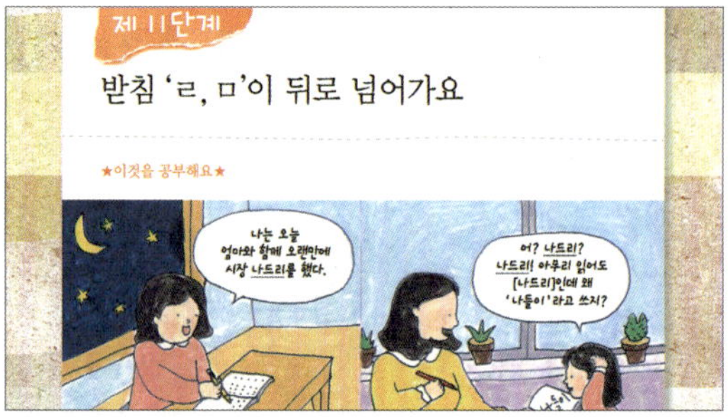

❷ 준비 학습(연습하기)

받아쓰기를 하기 전에 미리 준비를 합니다. 학습할 요소를 미리 추출하여 낱자를 연습시키는 단계입니다. 낱자 연습을 통해 받아쓰기를 할 때 주의할 점이 무엇인지 인지하게 되고, 실제로 받아쓰기를 할 때 여기서 학습한 낱자가 그대로 사용되는 경우가 많습니다. 다만, 학습 능력이 우수한 아이의 경우 이 과정을 생략할 수도 있습니다.

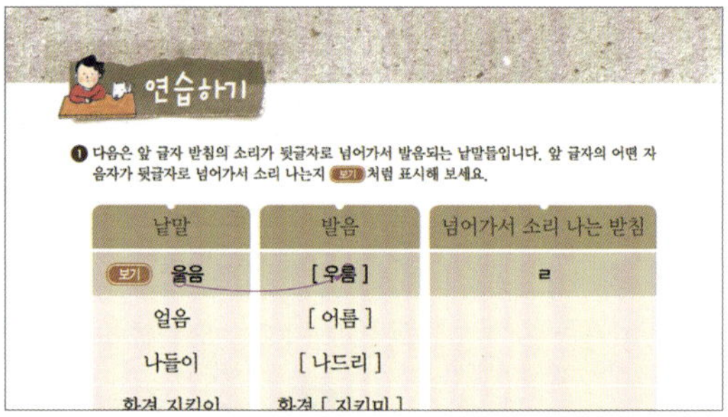

❸ 낱말 연습하기 1(1회)

★ 아이 스스로 공부하게 하십시오.

현재의 받아쓰기는 문장을 불러 주기 때문에 아이들이 매우 힘들어합니다. 한 문장 안에 학습할 요소와 그렇지 않은 요소가 포함되어 있기 때문에 초점도 흐려지게 됩니다. '낱말 연습 1'에서는 학습할 낱말의 글자 형태를 미리 알게 하고, 한번 써 보게 하는 데 초점을 두었습니다. 글자를 보고 쓰는 것이기 때문에 혼자서 학습할 수 있고, 낱말만 모아서 제시하였기 때문에 학습 요소를 중심으로 반복 학습이 가능합니다.

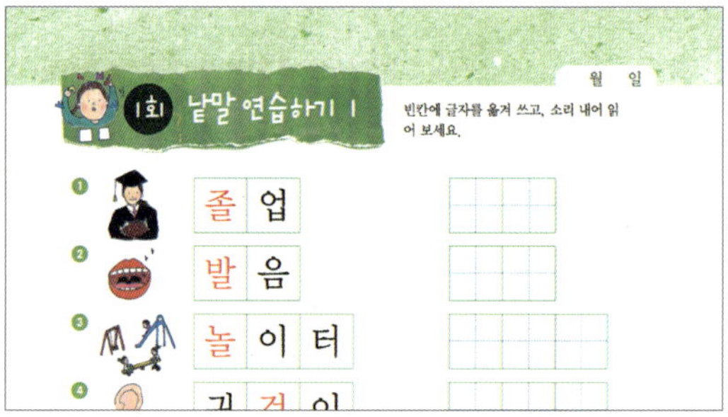

❹ 낱말 연습하기 2(2회)

★ 아이 스스로 공부하게 하십시오.

수수께끼처럼 만들어서 혼자서 재미있게 공부할 수 있게 하였습니다. 답이 아닌 보기는 아이들이 받아쓰기를 한 것에서 흔히 발견되는 잘못 쓴 형태이므로 스스로 자신의 잘못을 교정하는 데 도움이 될 것입니다. 실제로 아이들이 이 과정을 어려워하는 경우가 많습니다. 주의 깊게 살펴보시고, 지도할 것이 무엇인지 확인하여 주십시오.

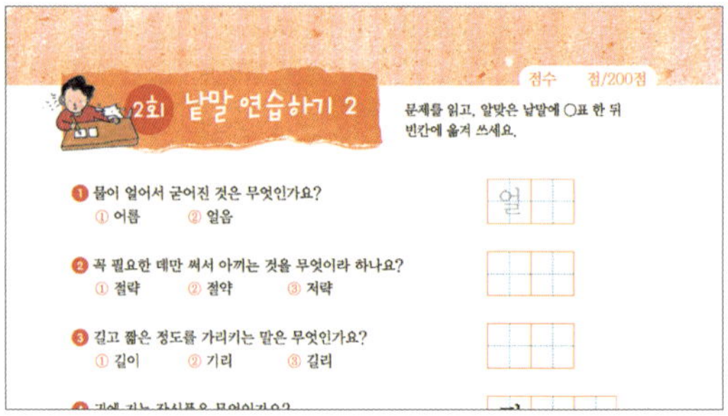

★**중간 평가 1, 2회** – 각 장이 끝날 때마다 그 장에서 배운 내용을 확인합니다.

★**종합 평가 1, 2회** – 2개의 장이 끝날 때마다 그 장에서 배운 내용을 확인합니다.

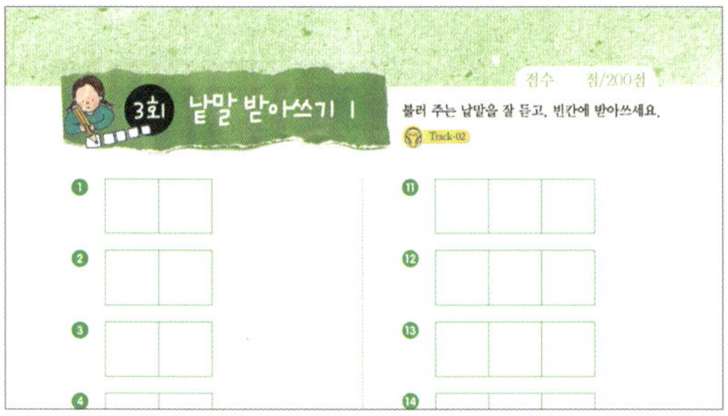

⑤ 낱말 받아쓰기 1, 2(3회, 4회)

★ 선생님이나 부모님과 함께 공부하십시오.

받아쓰기는 불러 주는 말을 글자로 옮기는 것입니다. 학습할 목표가 반영된 낱말 40개를 제시하였으므로, 낱말의 받아쓰기 연습의 마지막 과정이 됩니다. 반복을 통한 원리 이해에도 도움이 될 것입니다. 아이가 흥미를 느끼면 20개씩 불러 주시고, 그렇지 않으면 10개씩 나누어서 연습하십시오. 아이가 잘 틀리는 것만 골라서 불러 주셔도 좋습니다.

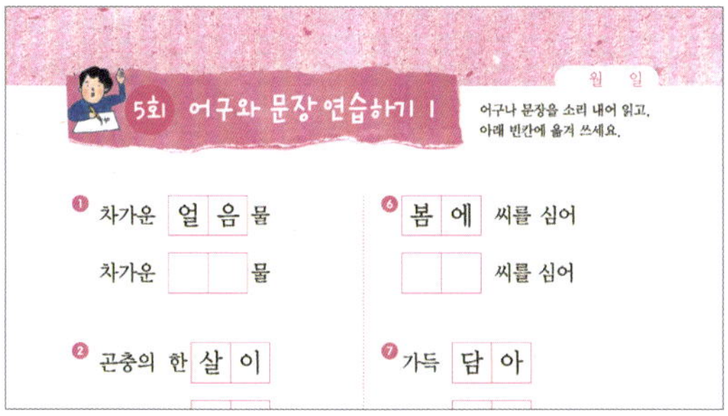

⑥ 어구와 문장 연습하기 1(5회)

★ 아이 스스로 공부하게 하십시오.

유사한 낱말을 비교하면서 문장으로 확장하기 위한 과정입니다. 어구의 형태로 만들어서 부담을 줄이고 혼동하기 쉬운 형태, 서로 형태는 비슷하면서 다른 것을 제시하여 연습의 효과를 높였습니다. 아이가 형태의 차이, 발음의 차이를 인지하도록 도와주시고, 필요한 경우에 부모님과 아이가 함께 글자를 짚어 가면서 발음을 해 보는 것도 좋습니다.

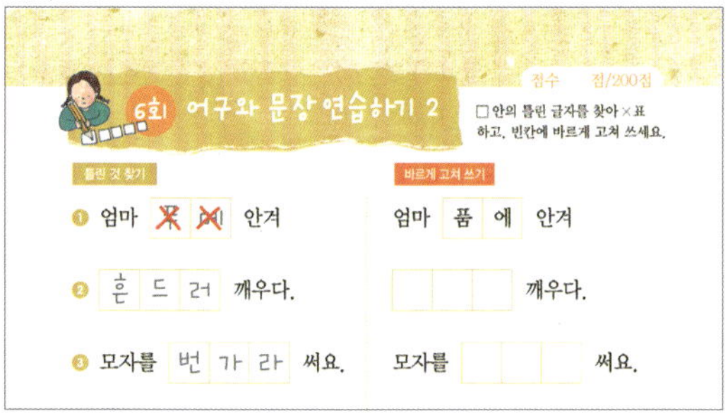

⑦ 어구와 문장 연습하기 2(6회)

★ 아이 스스로 공부하게 하십시오.

잘못 쓴 글자를 보면서 고치도록 하는 과정입니다. 문장의 뜻이 무엇인지 모를 경우 고쳐 쓸 수 없으므로 부모님께서 살펴보시고 뜻을 알려 주셔도 좋습니다. 고쳐 쓸 때에는 오른쪽 빈칸에 쓸 바른 형태에 초점을 두도록 강조하고 확인해 주셔야 합니다. 그렇지 않을 경우 왼쪽 칸의 잘못된 형태가 머릿속에 남을 수도 있으니 지도에 유의하십시오. 문장 받아쓰기를 위한 마지막 준비 과정이므로 열심히 해야 합니다.

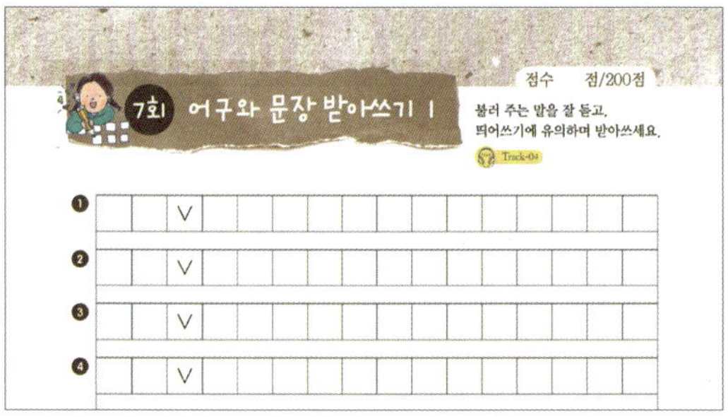

⑧ 어구와 문장 받아쓰기 1, 2(7회, 8회)

★ 선생님이나 부모님과 함께 공부하십시오.

학교에서 받아쓰기를 하는 것과 가장 유사한 형태입니다. 아이가 잘 받아쓸 수 있도록 문장을 부르실 때 한 번은 천천히, 그 다음에는 정상 속도로 불러 주십시오. 1권과 2권의 20단계까지는 아이들이 띄어쓰기에 부담을 갖지 않고 자연스럽게 학습할 수 있도록 띄어쓰기의 위치와 마침표를 표시하였습니다.

★홈페이지에 제공된 불러 주기용 파일은 MBC 성우의 음성으로, 정확한 발음을 제공합니다.

★이 책에 실린 모든 낱말의 맞춤법과 띄어쓰기는 국립국어원의 표준국어대사전에 의거합니다.

채점 및 결과 활용 방법

이 책을 사용하면서 받아쓰기 결과를 채점할 때 다음의 3가지를 고려해야 합니다.

첫째, 단계별 목표를 중심으로 채점한다.

받아쓰기를 하면 대개 전체 문장이 맞았는지 틀렸는지 판단하고 채점을 합니다. 그럴 경우 한 글자만 틀려도 문장 전체가 틀린 것으로 재점하게 되는데, 이것은 채점 결과를 활용할 때 아무런 도움이 되지 않습니다. 이 책을 사용할 때 채점은 단계별 목표에 중점을 두어 낱말을 채점하고, 문장에서도 핵심 낱말을 중심으로 살펴보아야 합니다. 예를 들어, 받침이 뒤로 넘어가는 것을 학습하는 단계에서 '그림책에 나온 동물'이라는 문장을 받아쓸 때 [채게]를 '책에'라고 바르게 썼는지에 초점을 두어야 합니다. 그래서 채점을 할 때 전체 문장이 맞았으면 문제당 정한 점수를 주고, 단계별 핵심 요소에 다시 한 번 동그라미를 해 주어 반복 학습의 효과를 얻을 수 있게 해야 합니다. 만일 핵심 학습 요소를 틀렸을 경우 그 부분에만 틀린 표시를 해서 감점을 합니다.

둘째, 학습 단계별 요소를 구별하여 채점한다.

이 책에서는 학습 단계별 요소를 체계적으로 반영하여 모든 자료는 앞 단계에서 학습한 요소와 새로 학습할 요소만으로 만들었습니다. 앞으로 학습할 요소는 최대한 반영하지 않도록 하였습니다. 따라서 대부분의 자료는 학습자가 이미 알고 있는 받아쓰기 지식을 토대로 각 단계별로 학습할 받아쓰기 지식을 추가하면 됩니다. 채점 역시 이러한 체계를 반영하여 단계별 요소를 중심으로 채점하고, 이전 단계에서 학습한 것을 틀렸을 경우 채점에서 배제할 수 있습니다. 위의 예에서, '그림책에 나온 동물' 중 '림' 자를 틀렸거나 '동물'을 잘못 썼다고 해도 감점하거나 틀린 것으로 채점하지 않고, '책에'를 제대로 썼다면 맞은 것으로 인정하는 방식입니다. 즉 문장 전체를 채점하지 않고, 문장 속에서 목표 단계별 요소가 반영된 낱말을 찾아 채점하여 초점을 강조할 수 있습니다. 이 방법은 이전 학습의 결과를 계속 유지하지 못하는 학습자들이 자신감을 잃지 않도록 하는 것이므로 필요에 따라 선택적으로 사용해도 좋습니다.

셋째, 점수는 최대한 잘 주고, 감점은 최소화한다.

받아쓰기 핵심 요소를 중심으로 하여 낱말 받아쓰기의 경우 20개씩 2개 세트가 제공됩니다. 이것을 10개씩 나누어 제공할 수도 있고 20개씩 나누어 제공할 수도 있습니다. 학습자의 특성에 따라 선택하면 됩니다. 채점할 때에는 위의 지침을 따르도록 합니다. 문장 받아쓰기는 12개 문장을 제시하였는데, 이것은 총 배점이 200점이 되도록 하여 받아쓰기 점수가 높아지는 효과가 있습니다. 즉 100점 만점으로 채점하지 말고 200점 만점으로 채점해서 학습자가 자신의 받아쓰기 점수에 대해 만족하고 스스로 자신감을 갖도록 해 줍니다. 감점은 최소화해서 틀린 글자 단위로 1점이나 2점, 혹은 자유롭게 정해서 채점해 주십시오.

받아쓰기 채점에서 가장 중요한 것은 학습자에 대한 평가 점수를 얻는 것이 아니라 받아쓰기 능력에 대한 정보를 얻고, 학습자가 받아쓰기에 흥미를 갖고 더 열심히 받아쓰기를 하도록 격려하는 것입니다. 학부모가 점수에 인색하면, 학습자는 학습에 인색하게 된다는 점을 유념해 주시기 바랍니다.

11단계

받침 'ㄹ, ㅁ'이 뒤로 넘어가요

★이것을 가르쳐 주세요★

이 단계에서는 '모든 자음 + 모음(ㅏ, ㅑ, ㅓ, ㅕ, ㅗ, ㅛ, ㅜ, ㅠ, ㅡ, ㅣ) + (ㄹ, ㅁ 받침)'으로 구성된 낱말에서 ㄹ, ㅁ 받침이 뒷글자로 넘어가서 소리 나는 것을 이해하도록 지도합니다.

- **앞 글자의 'ㄹ' 받침이 뒷글자로 넘어가서 소리 나는 현상 알기**
- **앞 글자의 'ㅁ' 받침이 뒷글자로 넘어가서 소리 나는 현상 알기**

★학습 목표★

11~15단계에서는 발음할 때에 뒷글자로 넘어가서 소리 나는 받침(연음법칙)이 있는 글자에 초점을 두고 가르쳐야 합니다. '연음법칙'이란 앞 글자의 자음 받침이 뒷글자의 모음으로 자리 이동하여 발음되는 것을 말합니다.

또 2권부터는 띄어쓰기 규칙 중에서 '낱말과 낱말은 띄어 쓴다.'는 맞춤법 규정에 맞게 쓰도록 지도합니다. 한글 맞춤법 규정상 낱말과 낱말은 띄어 쓰는 것이 원칙입니다. 특히 명사와 명사, 꾸며 주는 말과 꾸밈을 받는 말 등은 반드시 띄어서 써야 합니다. 예를 들면, '지붕∨위, 예쁜∨장미' 등과 같습니다.

※ 띄어쓰기의 예외 규정

① 보조 용언은 띄어 써야 하지만 붙여 쓰는 것도 허용하기 때문에 붙여 써도 틀리지 않습니다.

예 꺼져 간다(○) / 꺼져간다(○)

② 한 글자로 된 낱말이 연이어 나타날 때에는 붙여 쓸 수 있습니다.

예 몇 시 몇 분(○) / 몇시 몇분(○)

★지도할 때 주의할 점★

발음할 때 받침이 뒷글자의 첫소리로 넘어가서 소리 나는 낱말은 소리 나는 대로 쓰면 안 됩니다. 따라서 원래 글자를 잘 외워 두는 것이 중요한데, 발음을 정확하게 하면 뒤로 넘어가서 소리 나는 자음을 보고 앞 글자의 받침을 알아낼 수 있습니다. 만약 아이가 어려워하면 각 낱말의 글자를 낱낱으로 발음해 준 뒤, 다시 이어서 발음해 주세요. 예를 들면 '외톨이 알밤'의 경우, 먼저 '[외]∨[톨]∨[이] [알]∨[밤]'으로 불러 준 다음, 이어서 '[외토리∨알밤]'으로 불러 주고 받아쓰기를 해 보세요. 그리고 어구나 문장을 불러 줄 때, 띄어 쓴 부분은 띄어서 읽어 주세요. 단, 낱말과 낱말은 띄어 쓰는 것이 원칙이라는 점을 먼저 가르쳐 주어야겠지요.

낱말 연습하기 1, 2

아이 스스로 공부하도록 지도해 주세요.
진하게 쓴 글자를 바르게 쓰는지 확인해 주세요.

1회 16쪽

1 	졸업	졸업
2 	발음	발음
3 	놀이터	놀이터
4 	귀걸이	귀걸이
5 	흔들어	흔들어
6 	날아와	날아와
7 	더듬이	더듬이
8 	할아버지	할아버지
9 	달아나다	달아나다
10 	넘어지다	넘어지다

2회 17쪽

1. 물이 얼어서 굳어진 것은 무엇인가요?
   ① 어름 ②(얼음) — 얼음
2. 꼭 필요한 데만 써서 아끼는 것을 무엇이라 하나요?
   ① 절략 ②(절약) ③ 저략 — 절약
3. 길고 짧은 정도를 가리키는 말은 무엇인가요?
   ①(길이) ② 기리 ③ 길리 — 길이
4. 귀에 거는 장식품은 무엇인가요?
   ① 귀거리 ②(귀걸이) — 귀걸이
5. 집을 떠나 가까운 곳에 다녀오는 것을 무엇이라고 하나요?
   ①(나들이) ② 나드리 — 나들이
6. 물어 보는 말의 끝에 붙이는 문장 부호는 어느 것인가요?
   ①(물음표) ② 무름표 — 물음표
7. 곤충의 일생을 가리키는 말은 무엇인가요?
   ① 한사리 ② 한살리 ③(한살이) — 한살이
8. '본래보다 길이를 더 길게 하다.'는 뜻의 낱말은 무엇인가요?
   ①(늘이다) ② 늘리다 ③ 느리다 — 늘이다
9. '새처럼 공중에 떠다니며 다가온다.'는 뜻의 말은 무엇인가요?
   ①(날아오다) ② 날라오다 ③ 나라오다 — 날아오다
10. '떠나다'의 반대되는 말은 무엇인가요?
   ① 도라오다 ②(돌아오다) — 돌아오다

낱말 받아쓰기 1, 2

진하게 쓴 글자의 발음에 유의하며 한 번만 불러 주세요.
단, 받아쓰기가 익숙하지 않아 잘 못 알아들었을 경우 한 번 더 불러 주세요.

3회 18쪽

1	얼음	11	그림을
2	걸음	12	사람이
3	길이	13	바람이
4	울음	14	지금은
5	절약	15	나들이
6	졸음	16	더듬이
7	발음	17	연필이
8	필요	18	외톨이
9	음악	19	할아버지
10	놀이터	20	놀이동산

4회 19쪽

1	담아	11	번갈아
2	심어	12	숨어서
3	품에	13	참으며
4	걸으며	14	품어서
5	날아서	15	걸어오다
6	흔들어	16	일어서다
7	줄이다	17	줄어드는
8	늘이다	18	떨어지다
9	날아와	19	들어 보자
10	매달아	20	넘어뜨려

어구와 문장 연습하기 1, 2

아이 스스로 공부하도록 지도해 주세요.

5회 20쪽

❶ 차가운 얼음물
차가운 얼음물

❷ 곤충의 한살이
곤충의 한살이

❸ 외톨이 알밤
외톨이 알밤

❹ 비행기가 날아간다.
비행기가 날아간다.

❺ 즐거운 음악 시간
즐거운 음악 시간

❻ 봄에 씨를 심어
봄에 씨를 심어

❼ 가득 담아
가득 담아

❽ 환경 지킴이
환경 지킴이

❾ 물이 떨어진다.
물이 떨어진다.

❿ 고무줄을 늘이다.
고무줄을 늘이다.

6회 21쪽

틀린 것 찾기	바르게 고쳐 쓰기
❶ 엄마 ~~푸~~ ~~메~~ 안겨	엄마 품에 안겨
❷ 흔 ~~드~~ ~~러~~ 깨우다.	흔들어 깨우다.
❸ 모자를 번 ~~가~~ ~~라~~ 써요.	모자를 번갈아 써요.
❹ 쓰레기를 ~~주~~ ~~리~~ 다.	쓰레기를 줄이다.
❺ 자로 ~~기~~ ~~리~~ 를 재요.	자로 길이를 재요.
❻ 몰래 ~~수~~ ~~머~~ 서 지켜보니	몰래 숨어서 지켜보니
❼ 얼른 ~~다~~ ~~라~~ 나 다.	얼른 달아나다.
❽ 눈보라가 ~~모~~ ~~라~~ 치 는	눈보라가 몰아치는
❾ ~~주~~ ~~를~~ 서서 ~~거~~ ~~러~~ 라.	줄을 서서 걸어라.
❿ ~~조~~ ~~름~~ 을 ~~차~~ ~~므~~ 며	졸음을 참으며

어구와 문장 받아쓰기 1, 2

정확한 발음으로 한 번만 불러 주세요. 단, 받아쓰기가 익숙하지 않아 잘 못 알아들었을 경우 한 번 더 불러 주세요. 띄어쓰기 (∨) 부분은 짧게 띄어 읽어 주세요.

7회 22쪽

❶ 자기∨힘으로
❷ 멀리∨날아서
❸ 숨을∨쉬다가
❹ 들은∨이야기
❺ 머리를∨쓰다듬으며
❻ 신발을∨물어∨던진
❼ 풀린∨털실을∨감아
❽ 길을∨지나가던∨사람
❾ 발이∨걸려∨넘어지다.
❿ 그림을∨매달아∨보고
⓫ 밤을∨바구니에∨담아서
⓬ 지금∨어디쯤인지∨모르나

8회 23쪽

❶ 개미∨더듬이
❷ 외톨이∨알밤
❸ 신나는∨공놀이
❹ 줄자가∨필요해.
❺ 날이∨점점∨저물어
❻ 귀∨기울여∨들어∨보자.
❼ 부풀어∨오르는∨내∨꿈
❽ 땀이∨나고∨힘이∨들어
❾ 아기가∨울음을∨터뜨리다.
❿ 여름이∨가고∨가을이∨오네.
⓫ 바람이∨내∨얼굴을∨스치면
⓬ 할아버지께서∨보내∨주신∨감

12단계

받침 'ㄱ, ㄴ, ㅂ'이 뒤로 넘어가요

★이것을 가르쳐 주세요★

이 단계에서는 '모든 자음 + 모음(ㅏ, ㅑ, ㅓ, ㅕ, ㅗ, ㅛ, ㅜ, ㅠ, ㅡ, ㅣ) + (ㄱ, ㄴ, ㅂ 받침)'으로 구성된 낱말에서 ㄱ, ㄴ, ㅂ 받침이 뒷글자로 넘어가서 소리 나는 것을 바르게 받아쓰도록 지도합니다.

- **앞 글자의 'ㄱ' 받침이 뒷글자로 넘어가서 소리 나는 현상 알기**
- **앞 글자의 'ㄴ' 받침이 뒷글자로 넘어가서 소리 나는 현상 알기**
- **앞 글자의 'ㅂ' 받침이 뒷글자로 넘어가서 소리 나는 현상 알기**

★학습 목표★

여기에서는 11단계와 마찬가지로 발음할 때에 뒷글자로 넘어가서 소리 나는 받침(연음 법칙)이 있는 글자에 중점을 두고 가르쳐야 합니다.

예 국거 → [구거], 언어 → [어너], 법원 → [버붠]

★지도할 때 주의할 점★

한글 맞춤법이 만들어지기 전에는 소리 나는 대로 쓰는 것이 매우 일반적인 현상이었습니다. 실제로 조선 시대에는 낱말의 원형을 드러내지 않고 소리 나는 대로 쓴 경우도 많았습니다. 그런데 현대에는 한글 맞춤법에 따라 써야 하기 때문에 받아쓰기가 어려워졌습니다. 아이들이 받아쓰기를 틀리는 것은 매우 흔한 현상이므로 천천히 단계를 밟아 가며 연습시키도록 합니다.

11단계를 공부한 아이는 이번 단계가 그리 어렵지 않을 것입니다. 문장을 불러 줄 때, 띄어 쓴 부분은 띄어서 읽어 주세요. 그리고 낱말과 낱말을 띄어 쓰는 데 주의하도록 알려 주세요.

낱말 연습하기 1, 2

아이 스스로 공부하도록 지도해 주세요.
진하게 쓴 글자를 바르게 쓰는지 확인해 주세요.

1회 26쪽

❶	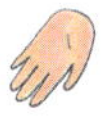	손에	손에
❷		입은	입은
❸		오뚝이	오뚝이
❹		목욕탕	목욕탕
❺		숨죽여	숨죽여
❻		글쓴이	글쓴이
❼		길잡이	길잡이
❽		울먹이다	울먹이다
❾		반짝이다	반짝이다
❿		잡아가다	잡아가다

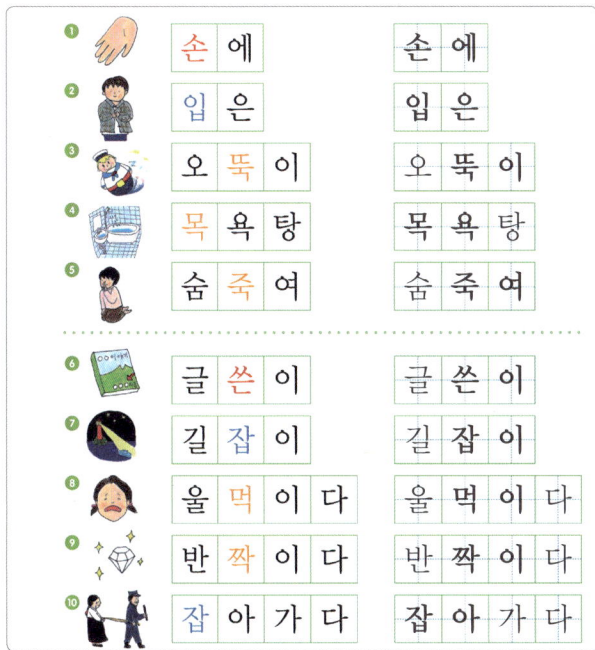

2회 27쪽

❶ 동물들에게 주는 먹을거리는 무엇인가요? ① 먹기 ②먹이 ③ 머기	먹이
❷ 위는 사람이고, 아래는 물고기 모양인 상상의 동물은 무엇인가요? ①인어 ② 이너 ③ 인너	인어
❸ 떨어진 나뭇잎을 무엇이라고 하나요? ① 나겹 ②낙엽	낙엽
❹ 쓰러졌다가도 벌떡 일어나는 장난감은 무엇인가요? ① 오뚜기 ②오뚝이 ③ 오뚝기	오뚝이
❺ 우리말을 배우는 교과서를 무엇이라고 하나요? ①국어책 ② 구거책	국어책
❻ 수요일 다음 날은 무슨 요일인가요? ①목요일 ② 모교일 ③ 목교일	목요일
❼ 학습에 필요한 여러 가지 물건들을 무엇이라고 하나요? ①학용품 ② 하굥품	학용품
❽ '어린아이'와 같은 뜻을 가진 말은 무엇인가요? ① 어리니 ②어린이	어린이
❾ 책을 지은 사람을 무엇이라고 부르나요? ①지은이 ② 지으니	지은이
❿ 길을 가르쳐 주는 사람이나 물건을 무엇이라고 하나요? ① 길자비 ②길잡이	길잡이

낱말 받아쓰기 1, 2

진하게 쓴 글자의 발음에 유의하며 한 번만 불러 주세요.
단, 받아쓰기가 익숙하지 않아 잘 못 알아들었을 경우 한 번 더 불러 주세요.

3회 28쪽

❶	국어	⓫	목으로
❷	목이	⓬	기억에
❸	낙엽	⓭	목욕탕
❹	직업	⓮	학용품
❺	손을	⓯	지은이
❻	돈을	⓰	고난을
❼	겁이	⓱	집으로
❽	답을	⓲	길잡이
❾	거북이	⓳	손톱을
❿	어린이	⓴	해변으로

4회 29쪽

❶	안아	⓫	움직이다
❷	입은	⓬	끈적여서
❸	녹이는	⓭	끄덕이다
❹	숙인다	⓮	번득이다
❺	숨죽여	⓯	번쩍이다
❻	접어서	⓰	펄럭이다
❼	수줍은	⓱	홀짝이는
❽	비좁아	⓲	들썩이다
❾	막아서다	⓳	잡으려고
❿	울먹이다	⓴	실룩이다

어구와 문장 연습하기 1, 2

아이 스스로 공부하도록 지도해 주세요.

5회 30쪽

❶ 작아진 신발
작아진 신발

❷ 기억에 남는 일
기억에 남는 일

❸ 고개를 끄덕이며
고개를 끄덕이며

❹ 나무에서 떨어진 낙엽
나무에서 떨어진 낙엽

❺ 어깨를 들썩이다가
어깨를 들썩이다가

❻ 실바람을 끌어안으며
실바람을 끌어안으며

❼ 겁이 나서
겁이 나서

❽ 수줍은 얼굴의 미소
수줍은 얼굴의 미소

❾ 등대는 배의 길잡이
등대는 배의 길잡이

❿ 답을 적어 보세요.
답을 적어 보세요.

6회 31쪽

틀린 것 찾기	바르게 고쳐 쓰기
❶ 너무 ~~모~~ ~~기~~ 말라서	너무 목이 말라서
❷ 소 ~~시~~ ~~글~~ 전해 들어서	소식을 전해 들어서
❸ 주스가 ~~모~~ ~~그~~ 로 넘어가	주스가 목으로 넘어가
❹ ~~벼~~ ~~그~~ 로 다가서며	벽으로 다가서며
❺ 손 ~~뼈~~ ~~글~~ 치며 웃어요.	손뼉을 치며 웃어요.
❻ 머리를 ~~수~~ ~~긴~~ 다.	머리를 숙인다.
❼ 오늘 ~~모~~ ~~굑~~ 탕에 가자.	오늘 목욕탕에 가자.
❽ 용돈 모아 ~~하~~ ~~굥~~ 품 사서	용돈 모아 학용품 사서
❾ 해 ~~벼~~ ~~느~~ 로 가요!	해변으로 가요!
❿ 한 ~~보~~ ~~글~~ ~~이~~ ~~븐~~ 동생	한복을 입은 동생

어구와 문장 받아쓰기 1, 2

정확한 발음으로 한 번만 불러 주세요. 단, 받아쓰기가 익숙하지 않아 잘 못 알아들었을 경우 한 번 더 불러 주세요. 띄어쓰기 (V) 부분은 짧게 띄어 읽어 주세요.

7회 32쪽

❶ 생각이V멈추고
❷ 대학으로V가는V길
❸ 장난으로V한V거야.
❹ 고난을V당하신V분
❺ 과일V조각V집어드는
❻ 음식을V나누어V먹으며
❼ 교통사고를V막으려고
❽ 가을V하늘에V펄럭이는
❾ 목요일V아침에는V운동을
❿ 어제V손톱을V물들이다가
⓫ 파란V꿈이V드리운V언덕에
⓬ 입을V실룩이는V아이

8회 33쪽

❶ 살짝V움직이는
❷ 손이V끈적여서
❸ 들썩이는V지붕
❹ 비좁은V골목
❺ 얼음V녹이는V기구
❻ 한V번V안아V주면
❼ 실력으로V이겨V보자.
❽ 코를V훌쩍이는V아이
❾ 우유를V홀짝이며V마시네.
❿ 가을에는V전어가V최고
⓫ 쥐를V잡으려고V달리는
⓬ 벼는V익으면V고개를V숙인대.

13단계

어려운 모음 아래 받침이 뒤로 넘어가요

★이것을 가르쳐 주세요★

이 단계에서는 어려운 모음 아래의 받침이 뒤로 넘어가서 소리 나는 방법을 지도합니다.

모든 자음 + 어려운 모음(ㅘ, ㅐ, ㅔ, ㅝ, ㅟ, ㅒ, ㅖ, ㅢ, ㅚ, ㅙ, ㅞ) + 자음 받침(ㅇ, ㄹ, ㅁ, ㄱ, ㄴ, ㅂ)'으로 구성된 낱말을 바르게 받아쓸 수 있도록 연습합니다.

- **앞 글자의 'ㄹ, ㅁ, ㄱ, ㄴ, ㅂ' 받침이 뒷글자로 넘어가서 소리 나는 현상 알기**
- **어려운 모음 'ㅘ, ㅐ, ㅔ, ㅝ, ㅟ, ㅒ, ㅖ, ㅢ, ㅚ, ㅙ, ㅞ'의 정확한 발음 구별하기**

★학습 목표★

여기에서는 받침 6개가 모두 뒤로 넘어가는 경우를 학습하는 것이 중요합니다. 또한 어려운 모음들을 복습하는 단계입니다. 어려운 모음을 학습하기 위해서는 발음을 정확하게 해야 합니다. 어려운 모음에 대한 내용은 1권 6~10단계의 내용을 참고하세요.

★지도할 때 주의할 점★

뒤로 넘어가서 소리 나는 받침 6개를 모두 복습하는 단계이므로 되도록 각 글자를 나누어 불러 주지 말고 그냥 이어서 발음해 주고 아이가 스스로 구별할 수 있도록 합니다. 이 단계에서는 어려운 모음을 복습하고 있는데, 받아쓰기를 불러 주는 사람의 발음이 정확하지 않으면 글자를 이미 외우고 있는 아이들만 바르게 받아쓸 수 있습니다. 따라서 1권에서 배운 대로 정확하게 발음을 해 주는 것이 아주 중요합니다.

아이가 아직도 익숙하지 않다면 앞 단계처럼 각 글자들은 나누어 발음해 주고 다시 연결하여 읽어 주세요. 어려운 모음을 자꾸 틀린다면 어려운 모음들의 올바른 발음 연습을 다시 해 보세요. 어려운 모음들은 어른들도 정확하게 발음하지 못하는 사람들이 많으므로 아이와 함께 연습하는 것도 필요합니다. 그리고 문장을 불러 줄 때에는 띄어 쓴 부분은 띄어서 읽어 주고 낱말과 낱말을 띄어 쓰지 않은 것은 반드시 띄어 쓰도록 지적하여 주세요.

낱말 연습하기 1, 2

아이 스스로 공부하도록 지도해 주세요.
진하게 쓴 글자를 바르게 쓰는지 확인해 주세요.

1회 36쪽

1.  활을 / 활을
2.  샘이 / 샘이
3.  댁에 / 댁에
4.  보탬이 / 보탬이
5.  됨됨이 / 됨됨이
6.  꽥꽥이 / 꽥꽥이
7.  소원은 / 소원은
8.  경찰관이 / 경찰관이
9.  현관으로 / 현관으로
10.  학원에서 / 학원에서

2회 37쪽

1. 오는 사람을 기쁜 마음으로 맞이하는 것을 무엇이라고 하나요?
   ① 환영 ② 화녕 ③ 환녕 — 환영
2. 맡아서 해야 할 일을 무엇이라고 하나요?
   ① 채김 ② 책임 — 책임
3. 정말 그러한지 알아보고 인정하는 것을 무엇이라고 하나요?
   ① 확인 ② 화긴 — 확인
4. 옛날 벼슬 있는 사람들이 모여 나랏일을 하던 곳은 어디인가요?
   ① 과나 ② 관아 — 관아
5. 십 원이 열 개 모이면 얼마가 되나요?
   ① 배 권 ② 백 원 ③ 백 권 — 백 원
6. 화요일의 전날은 무슨 요일인가요?
   ① 월료일 ② 워료일 ③ 월요일 — 월요일
7. 사람이나 물건의 생긴 모양을 무엇이라고 하나요?
   ① 됨됨이 ② 됨되미 ③ 됨돼미 — 됨됨이
8. 색깔이 있는 렌즈를 끼운 안경은 무엇인가요?
   ① 색안경 ② 새간경 — 색안경
9. 툭 하면 성을 내며 꽥꽥거리는 사람을 가리키는 말은 무엇인가요?
   ① 꽥꽥이 ② 꽥꽤기 — 꽥꽥이
10. 노래 '우리의 ○○○ 통일~'에서 ○ 안에 알맞은 말은 무엇인가요?
    ① 소워는 ② 소원은 — 소원은

낱말 받아쓰기 1, 2

진하게 쓴 글자의 발음에 유의하며 한 번만 불러 주세요.
단, 받아쓰기가 익숙하지 않아 잘 못 알아들었을 경우 한 번 더 불러 주세요.

3회 38쪽

1. 활을
2. 샘이
3. 댐은
4. 잼은
5. 책을
6. 확인
7. 책임
8. 환영
9. 관아
10. 원음
11. 월요일
12. 생활의
13. 궁궐에
14. 됨됨이
15. 공책이
16. 선택을
17. 계획을
18. 병원에
19. 교환을
20. 화원을

4회 39쪽

1. 뱀을
2. 댁에
3. 핵은
4. 관인
5. 보탬이
6. 시샘을
7. 수확이
8. 소원은
9. 색안경
10. 한 권의
11. 초원은
12. 신원을
13. 동화책이
14. 학원에서
15. 경찰관이
16. 공원에
17. 사진관으로
18. 파란색으로
19. 그림책에서
20. 도서관으로

어구와 문장 연습하기 1, 2

● 아이 스스로 공부하도록 지도해 주세요.

5회 40쪽

1. 수진이는 샘이 나서 / 수진이는 샘이 나서
2. 댐이 무너져서 / 댐이 무너져서
3. 답을 확인하면서 / 답을 확인하면서
4. 계단 청소는 내 책임 / 계단 청소는 내 책임
5. 새 친구를 환영해요. / 새 친구를 환영해요.
6. 과수원에 열린 포도 / 과수원에 열린 포도
7. 사진관에 가다가 / 사진관에 가다가
8. 선물 교환을 하자. / 선물 교환을 하자.
9. 이게 웬일이야? / 이게 웬일이야?
10. 월요일의 약속 / 월요일의 약속

6회 41쪽

틀린 것 찾기	바르게 고쳐 쓰기
1. ~~화를~~ 잘 쏘는 주몽	활을 잘 쏘는 주몽
2. ~~과나~~로 끌려온 이순신	관아로 끌려온 이순신
3. 저 멀리 궁~~궈리~~ 보여?	저 멀리 궁궐이 보여?
4. 생~~화레~~ 필요한 물건	생활에 필요한 물건
5. 그 애 됨~~되미~~는 어때?	그 애 됨됨이는 어때?
6. ~~새안~~경을 끼고 보면	색안경을 끼고 보면
7. 그의 선~~태큰~~ 뭔가?	그의 선택은 뭔가?
8. 네 소~~워니~~ 뭐니?	네 소원이 뭐니?
9. 감기로 병~~워네~~ 가니?	감기로 병원에 가니?
10. 공~~채기~~ 두 ~~궈니~~야.	공책이 두 권이야.

어구와 문장 받아쓰기 1, 2

● 정확한 발음으로 한 번만 불러 주세요. 단, 받아쓰기가 익숙하지 않아 잘 못 알아들었을 경우 한 번 더 불러 주세요. 띄어쓰기(∨) 부분은 짧게 띄어 읽어 주세요.

7회 42쪽

1. 월요일∨시간표
2. 생활의∨길잡이
3. 부모님의∨확인
4. 이게∨웬일이지요?
5. 오리는∨꽥꽥이지.
6. 큰∨궁궐을∨거닐며
7. 내∨책임이∨아니야.
8. 노란색이∨잘∨어울려.
9. 방학∨계획을∨세우며
10. 큰∨도시에는∨주택이
11. 공책에∨빨리∨적으세요.
12. 내∨소원은∨소방관이∨되어

8회 43쪽

1. 활을∨쏘아∨보렴.
2. 하얀∨뱀을∨보고
3. 한∨권의∨위인전
4. 경찰관이∨되는∨꿈
5. 그림책에∨나온∨동물
6. 벌써∨도서관으로∨가다니
7. 사람∨됨됨이가∨최고야.
8. 네∨소원을∨들어∨보자.
9. 박물관에서∨본∨도자기
10. 왜∨동생을∨시샘하는지
11. 나도∨뭔가∨보탬이∨되도록
12. 파란색으로∨물든∨가을∨하늘

중간 평가 1회

실제로 시험을 보는 자세로 임하게 지도해 주세요.
정확한 발음으로 한 번만 불러 주세요.

1회 44쪽

틀린 것 찾기	바르게 고쳐 쓰기
❶ 누나의 조럽	누나의 졸업
❷ 저 하늘의 벼를 따러 가자.	저 하늘의 별을 따러 가자.
❸ 계저레 맞는 옷	계절에 맞는 옷
❹ 토순이는 외토리	토순이는 외톨이
❺ 내 이르믄 경은이	내 이름은 경은이
❻ 개미의 더드미를 찾아요.	개미의 더듬이를 찾아요.
❼ 오뚜기는 내 친구	오뚝이는 내 친구
❽ 꿈에 도두기 나타나서	꿈에 도둑이 나타나서
❾ 공겨글 시작해라.	공격을 시작해라.
❿ 교화늘 해 주세요.	교환을 해 주세요.

1회 45쪽

틀린 것 찾기	바르게 고쳐 쓰기
❶ 알을 푸믄 오리	알을 품은 오리
❷ 행보글 부르는 고운 마음	행복을 부르는 고운 마음
❸ 올해 수화기 얼마나 되나요?	올해 수확이 얼마나 되나요?
❹ 그는 우리 민조긔 영웅이다.	그는 우리 민족의 영웅이다.
❺ 푸른 초워늘 함께 달리며	푸른 초원을 함께 달리며
❻ 손토블 예쁘게 자르고	손톱을 예쁘게 자르고
❼ 해마다 주러드는 농부의 수	해마다 줄어드는 농부의 수
❽ 이게 내 바라미다.	이게 내 바람이다.
❾ 움지기는 연필	움직이는 연필
❿ 십워느로 무얼 하나요?	십 원으로 무얼 하나요?

중간 평가 1회

실제로 시험을 보는 자세로 임하게 지도해 주세요.
정확한 발음으로 한 번만 불러 주세요.

1회 46쪽

❶ 해변으로 가요.
❷ 고개를 끄덕이며
❸ 엄마와 봄 나들이
❹ 신나는 놀이동산
❺ 귀걸이를 한 소녀
❻ 계획을 잘 세워서
❼ 새우가 그물에 가득
❽ 사진관으로 모이세요.
❾ 할머니 댁에 가는 날
❿ 인어 공주가 나타나서
⓫ 이번 단원은 어려워요.
⓬ 어머니와 공원에 가니?
⓭ 길이 비좁은데
⓮ 지금은 국어 시간

1회 47쪽

❶ 얼른 날아와요.
❷ 공놀이 먼저 하자.
❸ 즐거운 음악 시간
❹ 실력으로 승부하자.
❺ 동생이 시샘을 하네.
❻ 엉덩이를 흔들어 봐.
❼ 털실을 사러 시장에
❽ 들썩이는 우리 교실
❾ 병원에 계신 아버지
❿ 정원에서 놀던 생각
⓫ 홍수를 막아 내기 위해
⓬ 도둑을 잡으려던 경찰
⓭ 동화책을 두 권 받아서
⓮ 그림책에서 본 동물이야.

14단계

받침 'ㅋ, ㅍ, ㄲ'이 뒤로 넘어가요

★이것을 가르쳐 주세요★

이 단계에서는 '받침 ㅋ, ㅍ, ㄲ + 모음'으로 구성된 낱말에서 모음 앞에 'ㅋ, ㅍ, ㄲ' 받침이 뒷글자로 넘어가서 소리 나는 경우를 바르게 받아쓰는 방법을 지도합니다.

- **앞 글자의 'ㅋ' 받침이 뒷글자로 넘어가서 소리 나는 현상 알기**
- **앞 글자의 'ㅍ' 받침이 뒷글자로 넘어가서 소리 나는 현상 알기**
- **앞 글자의 'ㄲ' 받침이 뒷글자로 넘어가서 소리 나는 현상 알기**

★학습 목표★

이번 단계에서는, 앞 단계에서 배운 받침들이 뒤로 넘어가서 소리 났던 것과 방법은 같으나 좀 더 어려운 'ㅋ, ㅍ, ㄲ' 받침이 넘어가서 소리 나는 현상을 공부합니다. 다음의 예를 들어 가며 설명해 주세요.

- **앞 글자의 'ㅋ' 받침이 뒷글자로 넘어가서 소리 나는 현상 알기**

'부엌에'라는 낱말의 경우, 쓸 때에는 '부엌에'라고 쓰지만 소리 내어 읽을 때에는 'ㅋ' 받침이 뒤로 넘어가서 [부어케]로 발음됩니다.

- **앞 글자의 'ㅍ' 받침이 뒷글자로 넘어가서 소리 나는 현상 알기**

'높이'라는 낱말의 경우, 쓸 때에는 '높이'라고 쓰지만 소리 내어 읽을 때에는 'ㅍ' 받침이 뒤로 넘어가서 [노피]로 발음됩니다.

- **앞 글자의 'ㄲ' 받침이 뒷글자로 넘어가서 소리 나는 현상 알기**

'뒤섞이다'라는 낱말의 경우, 쓸 때에는 '뒤섞이다'라고 쓰지만 소리 내어 읽을 때에는 '섞'의 'ㄲ' 받침이 뒤로 넘어가서 [뒤서끼다]로 발음됩니다.

★지도할 때 주의할 점★

쉬운 받침과 달리 어려운 받침은 뒤에 모음이 오지 않을 때에는 3권에서 배우게 될 '음절의 끝소리 법칙'에 따라서 발음하고, 뒤에 모음이 와서 연음될 때에는 뒷글자의 첫소리로 넘어가서 소리 납니다. 예를 들어, '숲'의 경우에는 [숩]으로, '숲에'의 경우에는 [수페]와 같이 말입니다. 이번 단계에서는 음절의 끝소리 현상에 대해서는 가르치지 않고 아이가 질문할 때에만 간단하게 언급해 주세요. 그리고 나중에 배우면 꼭 비교해서 설명해 주시기 바랍니다.

낱말 연습하기 1, 2

아이 스스로 공부하도록 지도해 주세요.
진하게 쓴 글자를 바르게 쓰는지 확인해 주세요.

1회 50쪽

1		잎을	잎을
2		옆에	옆에
3		깎아	깎아
4		낚아	낚아
5		엮어	엮어
6		무릎이	무릎이
7		눈높이	눈높이
8		부엌이	부엌이
9		엎어지다	엎어지다
10		높아지다	높아지다

2회 51쪽

1. 아래에서 위까지 높은 정도를 가리키는 말은 무엇인가요?
   ① 높이 ② 노피 ③ 놉이 — 높이
2. 위에서 밑바닥까지의 거리를 가리키는 말은 무엇인가요?
   ① 깊이 ② 기피 ③ 깁피 — 깊이
3. 한데 모아 묶어 놓은 덩이를 무엇이라고 하나요?
   ① 무끔 ② 묶음 ③ 묵끔 — 묶음
4. 물건 값을 낮추는 것을 뜻하는 말은 무엇인가요?
   ① 깍까 ② 깎아 ③ 까까 — 깎아
5. 여러 가닥을 어긋나게 매어 어떤 물건을 만드는 것은 무엇인가요?
   ① 엮어 ② 역꺼 ③ 여꺼 — 엮어
6. 촘촘히 나 있는 것을 골라 뽑는 것을 무엇이라고 하나요?
   ① 솎아 ② 속까 ③ 소까 — 솎아
7. 바닥에서부터 관찰하는 사람의 눈까지의 높이를 무엇이라고 하나요?
   ① 눈높이 ② 눈노피 — 눈높이
8. 남이 나를 해롭게 한 대로 나도 그를 해롭게 하는 일은 무엇인가요?
   ① 앙가픔 ② 앙갚음 — 앙갚음
9. 밥에 야채와 고기를 넣고 볶은 맛있는 밥은 무엇인가요?
   ① 복끔밥 ② 보끔밥 ③ 볶음밥 — 볶음밥
10. 물고기를 잡거나 무엇인가를 갑자기 잡아채는 행동은 무엇인가요?
    ① 나끄러 ② 낚으러 — 낚으러

낱말 받아쓰기 1, 2

진하게 쓴 글자의 발음에 유의하며 한 번만 불러 주세요.
단, 받아쓰기가 익숙하지 않아 잘 못 알아들었을 경우 한 번 더 불러 주세요.

3회 52쪽

1. 잎을
2. 숲을
3. 깊이
4. 높이
5. 옆에
6. 옆의
7. 앞의
8. 늪에
9. 섶이
10. 묶음
11. 앞으로
12. 눈높이
13. 눈앞이
14. 옆에서
15. 무릎이
16. 앙갚음
17. 볶음밥
18. 부엌이
19. 대문밖에서
20. 아침녘이면

4회 53쪽

1. 갚은
2. 높여
3. 싶어
4. 덮어
5. 닦아
6. 묶은
7. 낚아
8. 볶아
9. 깎아
10. 엮어
11. 덮이다
12. 섞어요
13. 깎으니
14. 겪으면
15. 낚으러
16. 엮어서
17. 엎어지다
18. 덮어두다
19. 뒤섞이다
20. 안팎으로

어구와 문장 연습하기 1, 2

아이 스스로 공부하도록 지도해 주세요.

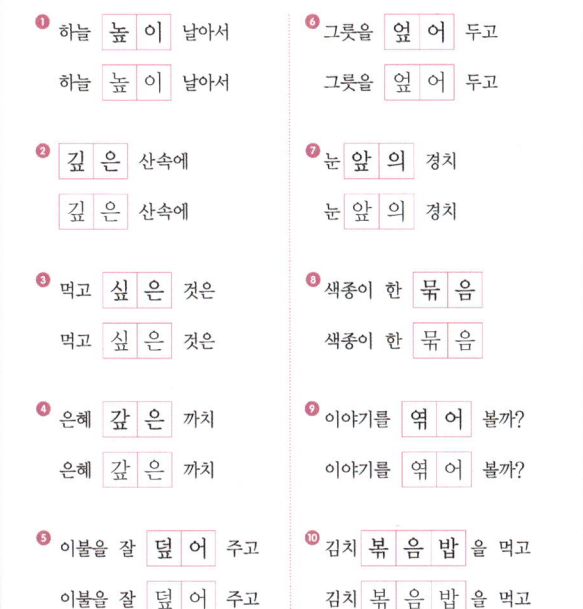

5회 54쪽

1. 하늘 높이 날아서 / 하늘 높이 날아서
2. 깊은 산속에 / 깊은 산속에
3. 먹고 싶은 것은 / 먹고 싶은 것은
4. 은혜 갚은 까치 / 은혜 갚은 까치
5. 이불을 잘 덮어 주고 / 이불을 잘 덮어 주고
6. 그릇을 엎어 두고 / 그릇을 엎어 두고
7. 눈 앞의 경치 / 눈 앞의 경치
8. 색종이 한 묶음 / 색종이 한 묶음
9. 이야기를 엮어 볼까? / 이야기를 엮어 볼까?
10. 김치 볶음 밥을 먹고 / 김치 볶음 밥을 먹고

6회 55쪽

틀린 것 찾기	바르게 고쳐 쓰기
1. ✗ ✗ 잠든 아이	깊 이 잠든 아이
2. 내가 가지고 ✗ ✗ 것	내가 가지고 싶 은 것
3. 파랑 ✗ ✗ 파랑비	파랑 잎 에 파랑비
4. 내일 꼭 ✗ ✗ 테니	내일 꼭 갚 을 테니
5. 눈물을 ✗ ✗ 주면서	눈물을 닦 아 주면서
6. 연필을 칼로 ✗ ✗ 서	연필을 칼로 깎 아 서
7. 오색실 ✗ ✗ 꼬리 달아	오색실 엮 어 꼬리 달아
8. 쥐에게 앙 ✗ ✗ 을 하고	쥐에게 앙 갚 음 을 하고
9. 여러 가지를 ✗ ✗ 서	여러 가지를 섞 어 서
10. 부 ✗ ✗ 어디야?	부 엌 이 어디야?

어구와 문장 받아쓰기 1, 2

정확한 발음으로 한 번만 불러 주세요. 단, 받아쓰기가 익숙하지 않아 잘 못 알아들었을 경우 한 번 더 불러 주세요. 띄어쓰기 (V) 부분은 짧게 띄어 읽어 주세요.

7회 56쪽

1. 숲을V거닐며
2. 땅속V깊이
3. 은혜V갚은V까치
4. 섞이V구겨져서
5. 휴지로V닦으니
6. 과일을V잘V깎아서
7. 큰V잉어를V낚아서
8. 염소가V앞으로V나서며
9. 순간V눈앞이V캄캄해지고
10. 부엌에서V나는V여러V소리
11. 시험V날짜가V눈앞에V다가와
12. 털실로V묶으면V되지.

8회 57쪽

1. 엎어V둔V대접
2. 새끼줄을V엮어서
3. 이름을V높여V주자.
4. 여우가V늪에V빠져
5. 야채를V볶아V보니
6. 아버지V옆으로V가고
7. 깊이V잠든V우리V딸
8. 천으로V잘V덮어V두면
9. 연필V꼭V깎아V오세요.
10. 집V앞에서V청소를V하네.
11. 지붕이V하얀V눈으로V덮여
12. 우리V앙갚음은V하지V말자.

15단계

받침 'ㄷ, ㅅ, ㅆ, ㅈ, ㅊ, ㅌ'이 뒤로 넘어가요

★이것을 가르쳐 주세요★

이 단계는 모음 앞에 오는 'ㄷ, ㅅ, ㅆ, ㅈ, ㅊ, ㅌ' 받침이 뒤로 넘어가서 소리 나는 경우를 바르게 받아쓰는 방법을 지도합니다.

- **앞 글자의 'ㅅ, ㅆ, ㅈ' 받침이 뒷글자로 넘어가서 소리 나는 현상 알기**
- **앞 글자의 'ㄷ, ㅊ, ㅌ' 받침이 뒷글자로 넘어가서 소리 나는 현상 알기**

★학습 목표★

- **앞 글자의 'ㅅ, ㅆ, ㅈ' 받침이 뒷글자로 넘어가서 소리 나는 현상 알기**

우리말에는 받침에 'ㅅ, ㅆ, ㅈ'이 들어가는 낱말이 많고, 그 중 중요한 낱말이 많기 때문에 더욱 집중해서 공부해야 합니다. 'ㅅ, ㅆ, ㅈ'이 받침으로 쓰일 때에는 모두 [ㄷ]으로 소리 납니다. 그런데 '웃음'이나 '갔어요', '찾아' 등과 같이 각 받침이 뒷글자의 모음을 만났을 때는 받침의 소리가 뒤로 넘어가는 것을 알도록 지도해 주세요.

- **앞 글자의 'ㄷ, ㅊ, ㅌ' 받침이 뒷글자로 넘어가서 소리 나는 현상 알기**

'ㄷ, ㅊ, ㅌ'도 받침으로 쓰일 때에는 'ㅅ, ㅆ, ㅈ'과 마찬가지로 [ㄷ]으로 소리 납니다.(예를 들어, '살갗'은 [살깓]으로 소리 나지요.) 그러나 받침 'ㄷ, ㅊ, ㅌ'이 뒷글자의 모음을 만나면, 소리가 넘어가게 된답니다. 이 단계에서 배우는 받침은 어려워서 어른들도 가끔 틀립니다. 따라서 원래 낱말의 받침을 알아내어, 궁극적으로 받침을 암기할 수 있도록 지도해 주세요.

★지도할 때 주의할 점★

뒷글자로 넘어가서 소리 나는 받침은 정확한 발음을 통하여 알아낼 수 있습니다. 아이가 원래 낱말의 받침을 자연스럽게 암기할 수 있도록 반복 연습해야 합니다.

아이가 글자의 받침을 아직도 잘 기억하지 못하면, 넘어가는 받침에 대하여 다시 한 번 강조해 주세요. 넘어가는 받침(연음법칙)은 음운 변동을 통해 원래의 받침을 찾아내기가 쉽습니다. 이번 단계를 끝으로 뒷글자로 넘어가서 소리 나는 받침에 대한 모든 내용을 공부하였습니다.

낱말 연습하기 1, 2

아이 스스로 공부하도록 지도해 주세요.
진하게 쓴 글자를 바르게 쓰는지 확인해 주세요.

1회 60쪽

1.  웃음 웃음
2.  맛이 맛이
3.  낮에 낮에
4.  꽃이 꽃이
5.  밑에 밑에
6.  씻어라 씻어라
7.  찢어진 찢어진
8.  풀밭에 풀밭에
9.  쏟아지다 쏟아지다
10.  쫓아가면 쫓아가면

2회 61쪽

1. '둘이-(　　)-넷이'에서 (　　)에 들어갈 말은 무엇인가요?
   ① 셋이 (circled) ② 세시 ③ 셋시 — 셋이
2. 알고 있던 것을 기억하지 못하는 상태를 무엇이라고 하나요?
   ① 잊어 (circled) ② 이저 — 잊어
3. 사실이나 사람을 믿는 마음을 무엇이라고 하나요?
   ① 미듬 ② 믿듬 ③ 믿음 (circled) — 믿음
4. 붙은 것을 떼거나 찢는 행동은 무엇인가요?
   ① 뜯어 (circled) ② 뜨더 — 뜯어
5. 통나무 네 쪽으로 된 명절 놀잇감은 무엇인가요?
   ① 유출 ② 윷을 (circled) ③ 유슬 — 윷을
6. 서로 닿아서 떨어지지 않는 상태는 무엇인가요?
   ① 붇은 ② 붙은 (circled) ③ 부튼 — 붙은
7. 한 동네에서 가까이 사는 사람은 누구인가요?
   ① 이우시 ② 이욷이 ③ 이웃이 (circled) — 이웃이
8. 오랫동안 반복하여 몸에 익어 버린 행동은 무엇인가요?
   ① 버릇이 (circled) ② 버르시 — 버릇이
9. 책을 꽂아 두는 물건은 무엇인가요?
   ① 책꼬지 ② 책꽂이 (circled) — 책꽂이
10. '안으로'의 반대되는 뜻을 가진 말은 무엇인가요?
    ① 바깥으로 (circled) ② 바까트로 — 바깥으로

낱말 받아쓰기 1, 2

진하게 쓴 글자의 발음에 유의하며 한 번만 불러 주세요.
단, 받아쓰기가 익숙하지 않아 잘 못 알아들었을 경우 한 번 더 불러 주세요.

3회 62쪽

1. 웃음
2. 옷을
3. 셋이
4. 젖을
5. 믿음
6. 꽃이
7. 빛이
8. 윷을
9. 밑에
10. 씨앗을
11. 버릇이
12. 잘못을
13. 송곳은
14. 책꽂이
15. 굳으면
16. 닫으면
17. 풀밭에
18. 곁으로
19. 논밭의
20. 우산꽂이

4회 63쪽

1. 벗어
2. 젖은
3. 맛이
4. 찾아
5. 꽂아
6. 묻은
7. 얹어
8. 닫아
9. 받아
10. 같은
11. 붙은
12. 있으면
13. 알았어
14. 하였으면
15. 찢어서
16. 굳으면
17. 맡으며
18. 씻어주다
19. 쫓아가다
20. 훑어지다

어구와 문장 연습하기 1, 2

● 아이 스스로 공부하도록 지도해 주세요.

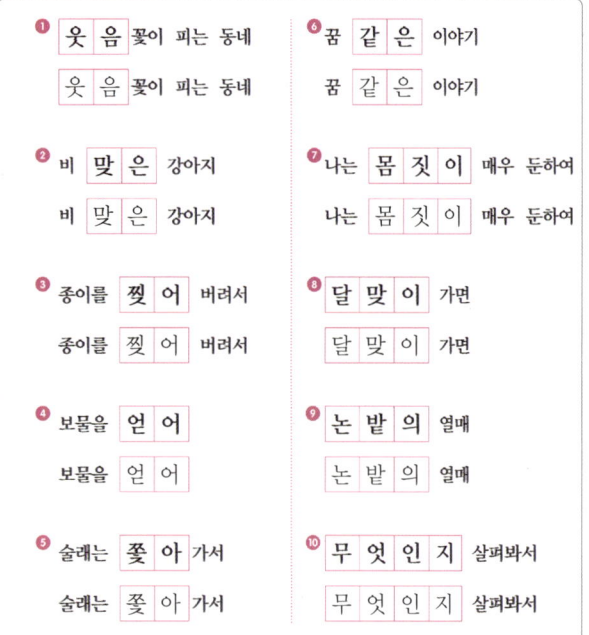

5회 64쪽

1. 웃 음 꽃이 피는 동네
   웃 음 꽃이 피는 동네
2. 비 맞 은 강아지
   비 맞 은 강아지
3. 종이를 찢 어 버려서
   종이를 찢 어 버려서
4. 보물을 얻 어
   보물을 얻 어
5. 술래는 쫓 아 가서
   술래는 쫓 아 가서
6. 꿈 같 은 이야기
   꿈 같 은 이야기
7. 나는 몸 짓 이 매우 둔하여
   나는 몸 짓 이 매우 둔하여
8. 달 맞 이 가면
   달 맞 이 가면
9. 논 밭 의 열매
   논 밭 의 열매
10. 무 엇 인 지 살펴봐서
    무 엇 인 지 살펴봐서

6회 65쪽

틀린 것 찾기	바르게 고쳐 쓰기
① 새해를 ~~마~~ ~~지~~ 하는	새해를 맞 이 하는
② ~~찌~~ ~~저~~ 진 우산을 들고	찢 어 진 우산을 들고
③ ~~유~~ ~~출~~ 던져서	윷 을 던져서
④ 벽에 ~~부~~ ~~튼~~ 종이	벽에 붙 은 종이
⑤ 시소 타는 ~~고~~ ~~세~~ 는	시소 타는 곳 에 는
⑥ ~~꼬~~ ~~출~~ 선물하다.	꽃 을 선물하다.
⑦ 논 ~~바~~ ~~테~~ 일하러 가다.	논 밭 에 일하러 가다.
⑧ 냄새를 ~~마~~ ~~트~~ 면	냄새를 맡 으 면
⑨ 머리를 ~~비~~ ~~서~~ 주 다.	머리를 빗 어 주 다.
⑩ 깜빡 ~~이~~ ~~저~~ 버 리 면	깜빡 잊 어 버 리 면

어구와 문장 받아쓰기 1, 2

● 정확한 발음으로 한 번만 불러 주세요. 단, 받아쓰기가 익숙하지 않아 잘 못 알아들었을 경우 한 번 더 불러 주세요. 띄어쓰기 (∨) 부분은 짧게 띄어 읽어 주세요.

7회 66쪽

1. 밥 이 ∨ 꿀 맛 이 다 .
2. 꽃 을 ∨ 선 물 해 서
3. 가 게 ∨ 문 을 ∨ 닫 아
4. 잔 디 밭 에 ∨ 새 싹 이
5. 깡 통 을 ∨ 걷 어 차 다 가
6. 집 ∨ 바 깥 으 로 ∨ 나 와
7. 민 들 레 ∨ 씨 앗 의 ∨ 여 행
8. 항 아 리 ∨ 뚜 껑 을 ∨ 닫 아
9. 꽁 꽁 ∨ 얼 어 붙 은 ∨ 얼 음 판
10. 신 발 을 ∨ 물 어 뜯 은 ∨ 강 아 지
11. 내 가 ∨ 맡 은 ∨ 일 에 ∨ 최 선 을
12. 별 ∨ 같 은 ∨ 아 기 의 ∨ 눈

8회 67쪽

1. 아 기 ∨ 염 소 ∨ 여 럿 이
2. 우 산 ∨ 셋 이 ∨ 걸 어 가 다 .
3. 거 짓 을 ∨ 말 하 지 ∨ 마 라 .
4. 아 기 는 ∨ 살 짝 ∨ 신 ∨ 벗 어
5. 새 싹 이 ∨ 돋 아 나 는 ∨ 모 습
6. 내 가 ∨ 던 지 는 ∨ 공 ∨ 받 아
7. 똑 같 은 ∨ 소 리 가 ∨ 들 려 서
8. 버 릇 이 ∨ 매 우 ∨ 고 약 하 여
9. 소 나 기 는 ∨ 땅 을 ∨ 씻 어 ∨ 준 다 .
10. 쏟 아 지 는 ∨ 밤 하 늘 의 ∨ 별 똥 별
11. 담 장 에 ∨ 핀 ∨ 나 팔 꽃 이 ∨ 웃 어 요 .
12. 형 님 을 ∨ 맞 이 하 는 ∨ 아 우

종합 평가 1회

실제로 시험을 보는 자세로 임하게 지도해 주세요.
정확한 발음으로 한 번만 불러 주세요.

1회 68쪽

틀린 것 찾기	바르게 고쳐 쓰기
❶ 은혜를 가픈	은혜를 갚은
❷ 수건으로 다끈 후	수건으로 닦은 후
❸ 빨강 꼬체 빨강비	빨강 꽃에 빨강비
❹ 집 아페서	집 앞에서
❺ 발을 씨서라.	발을 씻어라.
❻ 물마시 시원하다.	물맛이 시원하다.
❼ 시소 타는 고세는	시소 타는 곳에는
❽ 김치보끔밥	김치볶음밥
❾ 밥이 꿀마시다.	밥이 꿀맛이다.
❿ 새해를 마지하는	새해를 맞이하는

1회 69쪽

❶ 눈앞의 경치
❷ 신발이 뒤섞여
❸ 비 맞은 강아지
❹ 동이 틀 녘이면
❺ 엄마를 찾으러 나가니
❻ 지붕 떠나갈 듯이
❼ 거짓을 말하지 마라.
❽ 이슬이 닦아 주니까
❾ 하늘도 높아서 파란
❿ 꽁꽁 얼어붙은 얼음판
⓫ 내가 맡은 일에 최선을
⓬ 농부에게 앙갚음을 하려고

종합 평가 1회

실제로 시험을 보는 자세로 임하게 지도해 주세요.
정확한 발음으로 한 번만 불러 주세요.

1회 70쪽

❶ 묶은 실과 얼레
❷ 소리 내어 웃어 보자.
❸ 눈앞이 가물거리며
❹ 사과 같은 내 얼굴
❺ 소금물은 짠맛이 나서
❻ 가로등 불빛이 보이는
❼ 창밖으로 보이는 풍경
❽ 우표가 붙은 편지 봉투
❾ 잠이 깊이 드신 할아버지
❿ 문 옆에 서서 기다리다가
⓫ 아버지께서 수염을 깎으시며
⓬ 폭포가 큰 소리로 쏟아진다.

1회 71쪽

❶ 꿀밤을 먹이려다
❷ 들판으로 나가서
❸ 물건을 집어드는
❹ 하늘을 덮은 구름
❺ 돌에 걸려 엎어지면
❻ 누구를 뽑아야 하나?
❼ 누가 책을 먼저 보냐?
❽ 송곳으로 구멍을 내고
❾ 숨죽여 살금살금 다가가서
❿ 개가 킁킁 냄새를 맡으며
⓫ 땀이 나고 힘이 들어
⓬ 빛을 따라 동굴 밖으로

종합 평가 1회

실제로 시험을 보는 자세로 임하게 지도해 주세요.
정확한 발음으로 한 번만 불러 주세요.

1회 72쪽

❶ 아저씨 덕택으로
❷ 음식을 씹을 때
❸ 날이 점점 저물어
❹ 먼지로 뒤덮인 책
❺ 깊은 구덩이를 파다가
❻ 신발 끈을 묶으면서
❼ 나날이 늘어가는 몸무게
❽ 아버지께서 목욕하신다.
❾ 밤을 바구니에 담아서
❿ 창문을 닦으러 나가니
⓫ 무엇이 무엇이 똑같을까?
⓬ 자전거 타고 엄마 찾으러

★이것을 배웠어요★

11~15단계에서는 여러 가지 받침들 뒤에 모음이 올 때, 앞 받침이 뒤로 넘어가서 소리 나는 현상(연음법칙)을 살펴보았습니다.

11~12단계	쉬운 받침들이 뒷글자로 넘어가서 소리 나는 현상 학습하기
13단계	어려운 모음과 함께 쓰인 받침이 뒷글자로 넘어가서 소리 나는 현상 학습하기
14~15단계	어려운 받침들이 뒷글자로 넘어가서 소리 나는 현상 학습하기

★이것만은 다시 확인해요★

다음 세 가지를 아이가 정확하게 알고 있는지 주의 깊게 살펴보세요.

① 받침이 있는 글자 뒤에 모음이 오면, 발음할 때에 앞 받침의 소리가 뒷글자로 넘어가는 소리로 읽을 수 있나요?

② 앞 글자의 어려운 받침(ㅅ, ㅆ, ㅈ, ㄷ, ㅊ, ㅌ)이 뒷글자로 넘어가서 소리 나는 현상을 이해하고, 원래 낱말의 모양대로 쓸 수 있나요?

③ 낱말과 낱말을 띄어 쓸 수 있나요?

16단계

받침 'ㄱ, ㄷ, ㅂ' 때문에 된소리가 나요

★이것을 가르쳐 주세요★

이 단계에서는 '앞 글자의 받침(ㄱ, ㄷ, ㅂ) + 뒷글자의 첫소리(ㄱ, ㄷ, ㅂ, ㅅ, ㅈ)'일 때 나타나는 소리 변화를 알고 받아쓰도록 지도합니다.

- **앞 글자의 받침 'ㄱ,ㄷ,ㅂ' 뒤에 오는 글자의 첫소리가 'ㄱ,ㄷ,ㅂ,ㅅ,ㅈ'이면 뒷글자의 첫소리가 된소리(ㄲ,ㄸ,ㅃ,ㅆ,ㅉ)로 되는 현상 알기**

★학습 목표★

된소리되기는 앞 글자가 반드시 받침을 갖고 있어야 하고, 그 받침은 뒷글자를 발음하기 전에 반드시 소리가 막히는 현상이 있어야 합니다. '학교'를 예로 들면, 앞 글자인 '학'은 받침이 'ㄱ'이기 때문에 '학'을 발음하면 이미 소리가 막힌 상태가 됩니다. 이때 '교'를 이어서 발음하면 'ㄱ' 음이 두 개 겹쳐진 [ㄲ]으로 소리 납니다.

그래서 '학교'는 [학꾜]로 발음되는 것입니다. 우리말에서 된소리되기는 매우 일반적인 현상이기 때문에 아이가 틀리지 않도록 꾸준히 지도해 주십시오.

★지도할 때 주의할 점★

낱말을 불러 줄 때 처음에는 각 글자를 나누어 불러 주고, 다시 이어서 불러 주어 원래의 낱말 글자를 기억하게 합니다. 예를 들어, '학교'를 불러 줄 때에는 [학∨교]로 부르고 나서 [학꾜]라고 불러 주어 된소리되기 현상이 일어났음을 알게 합니다.

낱말 연습하기 1, 2

아이 스스로 공부하도록 지도해 주세요.
진하게 쓴 글자를 바르게 쓰는지 확인해 주세요.

1회 76쪽

1.  악기 — 악기
2.  약국 — 약국
3.  축구 — 축구
4.  학교 — 학교
5.  목소리 — 목소리
6.  독수리 — 독수리
7.  태극기 — 태극기
8.  걷기 — 걷기
9.  듣기 — 듣기
10.  입술 — 입술

2회 77쪽

1. 영화를 상영하는 곳은 어디인가요?
   ① 극짱 ②(극장) — 극장
2. 벽에 아무렇게나 그린 그림을 무엇이라고 하나요?
   ①(낙서) ② 낙써 — 낙서
3. 책을 읽는 것을 한자어로 무엇이라고 하나요?
   ①(독서) ② 독써 — 독서
4. 설날에 먹는 음식은 무엇인가요?
   ① 떡꾹 ②(떡국) — 떡국
5. 친구와 꼭 지키기로 다짐을 하는 것을 무엇이라고 하나요?
   ①(약속) ② 약쏙 — 약속
6. 여름에 즐겨 먹는 하모니카 모양의 곡식은 무엇인가요?
   ① 옥쑤수 ②(옥수수) — 옥수수
7. 빨래를 해 주는 기계는 무엇인가요?
   ①(세탁기) ② 세탁끼 — 세탁기
8. 한 사람이 술래가 되어 숨은 사람을 찾는 놀이는 무엇인가요?
   ①(숨바꼭질) ② 숨바꼭찔 — 숨바꼭질
9. '열다'의 반대되는 말은 무엇인가요?
   ① 닫따 ②(닫다) — 닫다
10. 과일을 예쁘게 깎아서 주로 어디에 담아 놓나요?
    ① 접씨 ②(접시) — 접시

낱말 받아쓰기 1, 2

진하게 쓴 글자의 발음에 유의하며 한 번만 불러 주세요.
단, 받아쓰기가 익숙하지 않아 잘 못 알아들었을 경우 한 번 더 불러 주세요.

3회 78쪽

1. 국자
2. 낙서
3. 숙제
4. 약국
5. 축구
6. 학교
7. 걷기
8. 듣기
9. 묻기
10. 받기
11. 입술
12. 접시
13. 독수리
14. 목소리
15. 옥수수
16. 애국가
17. 태극기
18. 골목길
19. 세탁기
20. 학습장

4회 79쪽

1. 각자
2. 녹다
3. 찍다
4. 걷다
5. 닫다
6. 묻다
7. 받다
8. 굽다
9. 덥다
10. 좁다
11. 춥다
12. 무겁다
13. 부럽다
14. 지겹다
15. 걱정하다
16. 속삭이다
17. 산꼭대기
18. 나무껍질
19. 숨바꼭질
20. 시끄럽다

어구와 문장 연습하기 1, 2

아이 스스로 공부하도록 지도해 주세요.

5회 80쪽

1. 애국가를 부르자. / 애국가를 부르자.
2. 재미있는 낙서 / 재미있는 낙서
3. 맛있는 떡국 / 맛있는 떡국
4. 어두운 골목길 / 어두운 골목길
5. 뜨거운 옥수수 / 뜨거운 옥수수
6. 욕심을 부리다가 / 욕심을 부리다가
7. 육상부와 축구부 / 육상부와 축구부
8. 학교에서 공부해요. / 학교에서 공부해요.
9. 상을 받다. / 상을 받다.
10. 입술을 움직여서 / 입술을 움직여서

6회 81쪽

틀린 것 찾기	바르게 고쳐 쓰기
① 각 ~~짜~~ 숙 ~~쩨~~ 하자.	각자 숙제 하자.
② 곡 ~~씩~~ 을 거두는 가을	곡식을 거두는 가을
③ 낙 ~~써~~ 를 하는 것이	낙서를 하는 것이
④ 점심 식 ~~싸~~ 를 하다가	점심 식사를 하다가
⑤ 음악 ~~씰~~ 에서 나는 소리	음악실에서 나는 소리
⑥ 학 ~~꾜~~ 주변을 걷 ~~따~~.	학교 주변을 걷다.
⑦ 음악을 듣 ~~따~~.	음악을 듣다.
⑧ 급 ~~씩~~ ~~씰~~ 에서 주는 밥	급식실에서 주는 밥
⑨ 나는 형이 부럽 ~~따~~.	나는 형이 부럽다.
⑩ 학 ~~꾜~~ 안이 덥 ~~따~~.	학교 안이 덥다.

어구와 문장 받아쓰기 1, 2

정확한 발음으로 한 번만 불러 주세요. 단, 받아쓰기가 익숙하지 않아 잘 못 알아들었을 경우 한 번 더 불러 주세요. 띄어쓰기 (∨) 부분은 짧게 띄어 읽어 주세요.

7회 82쪽

1. 약국에∨가요.
2. 뜨거운∨떡국
3. 약속을∨지키자.
4. 무서운∨독수리
5. 바위가∨무겁다.
6. 둥둥둥∨북소리
7. 교훈이∨담긴∨속담
8. 정겨운∨목소리
9. 목소리가∨예쁘다.
10. 조용히∨속삭이다.
11. 종이접기를∨배우자.
12. 독서∨만화∨그리기

8회 83쪽

1. 좁다란∨학교∨길
2. 벽에∨쓰인∨낙서
3. 오늘은∨마음이∨무겁다.
4. 미루나무∨꼭대기에
5. 협동하여∨청소하자.
6. 손에∨물을∨적시다.
7. 갑자기∨비가∨내린다.
8. 입술을∨크게∨움직여라.
9. 차가운∨얼음이∨녹다.
10. 옥수수로∨만든∨하모니카
11. 사진을∨찍고∨밥을∨먹고
12. 세탁기∨돌아가는∨소리가

17단계

받침 'ㄴ, ㄹ, ㅁ, ㅇ' 때문에 된소리가 나요

★이것을 가르쳐 주세요★

이 단계에서는 '앞 글자 받침(ㄴ, ㄹ, ㅁ, ㅇ) + 뒷글자의 첫소리(ㄱ, ㄷ, ㅂ, ㅅ, ㅈ)'일 때 나타나는 소리 변화를 알고 받아쓰도록 지도합니다.

- **앞 글자의 받침 'ㄴ, ㄹ, ㅁ, ㅇ' 뒤에 오는 글자의 첫소리가 'ㄱ, ㄷ, ㅂ, ㅅ, ㅈ'이면 뒷글자의 첫소리가 된소리(ㄲ, ㄸ, ㅃ, ㅆ, ㅉ)로 되는 현상 알기**

★학습 목표★

앞에서 학습한 된소리되기를 이어서 배우는 단계입니다. 앞 글자의 받침이 'ㄴ, ㄹ, ㅁ, ㅇ'인 경우에 뒷글자가 반드시 된소리로 발음되지는 않습니다. 보통 낱말과 낱말이 합쳐져서 새로운 낱말이 만들어지는 합성어일 경우에 된소리되기 현상이 나타납니다. 따라서 이 단계에서는 아이가 앞 글자의 받침이 'ㄴ, ㄹ, ㅁ, ㅇ'일 때 뒷글자가 무조건 된소리로 소리가 난다고 단정할 가능성이 있으니 주의를 기울여서 지도하여 주시기 바랍니다.

★지도할 때 주의할 점★

낱말을 불러 줄 때 처음에는 각 글자를 나누어 불러 주고, 다시 이어서 불러 주어 원래의 낱말 글자를 기억하게 합니다. 예를 들어, '용돈'을 불러 줄 때 [용∨돈]으로 부르고 나서 [용똔]이라고 불러 주어 이것이 된소리가 되었음을 알게 합니다. '비빔밥'도 [비∨빔∨밥]으로 불러 준 후에 [비빔빱]으로 소리 내어 구별하게 합니다.

아이들이 낱말의 뜻을 몰라서 받아쓰기를 하는 데 어려움을 겪을 때에는 낱말을 불러 주면서 뜻을 설명해 주세요. 그러면 아이들의 실수를 줄일 수 있습니다.

낱말 연습하기 1, 2

아이 스스로 공부하도록 지도해 주세요.
진하게 쓴 글자를 바르게 쓰는지 확인해 주세요.

1회 86쪽

1. 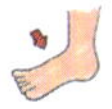 발 등 — 발 등
2.  용 돈 — 용 돈
3.  걸 상 — 걸 상
4.  글 자 — 글 자
5.  물 감 — 물 감
6.  등 불 — 등 불
7.  알 림 장 — 알 림 장
8.  물 고 기 — 물 고 기
9.  오 솔 길 — 오 솔 길
10.  장 바 구 니 — 장 바 구 니

2회 87쪽

1. 손의 바깥을 가리키는 말은 무엇인가요?
   ① 손뜽 ② 손등
   손 등
2. 시장에 갈 때에 물건을 담기 위해 가져가는 것은 무엇인가요?
   ① 장바구니 ② 장빠구니
   장 바 구 니
3. 돌멩이의 뾰족한 부분을 가리키는 말은 무엇인가요?
   ① 돌부리 ② 돌뿌리
   돌 부 리
4. 물이 움직이는 모양을 뜻하는 말은 무엇인가요?
   ① 물결 ② 물껼
   물 결
5. '손가락'의 반대되는 말은 무엇인가요?
   ① 발가락 ② 발까락
   발 가 락
6. 발로 밟은 자리에 남은 모양은 무엇인가요?
   ① 발짜국 ② 발자국
   발 자 국
7. 숲 속에 난 작은 길을 무엇이라고 하나요?
   ① 오솔길 ② 오솔낄
   오 솔 길
8. 문을 열 때 필요한 것은 무엇인가요?
   ① 열쐬 ② 열쇠
   열 쇠
9. 여러 나물들을 모아 고추장을 넣어 비벼 먹는 밥은 무엇인가요?
   ① 비빔밥 ② 비빔빱
   비 빔 밥
10. 대보름에 볼 수 있는 달은 무엇인가요?
    ① 보름달 ② 보름딸
    보 름 달

낱말 받아쓰기 1, 2

진하게 쓴 글자의 발음에 유의하며 한 번만 불러 주세요.
단, 받아쓰기가 익숙하지 않아 잘 못 알아들었을 경우 한 번 더 불러 주세요.

3회 88쪽

1. 산 길
2. 손 등
3. 문 자
4. 등 불
5. 용 돈
6. 장 독
7. 강 가
8. 걸 상
9. 글 자
10. 길 가
11. 물 감
12. 발 등
13. 불 길
14. 설 사
15. 열 쇠
16. 출 석
17. 몸 집
18. 밤 길
19. 밤 비
20. 밤 잠

4회 89쪽

1. 검 다
2. 남 다
3. 심 자
4. 참 자
5. 궁 금 증
6. 잠 자 리
7. 보 름 달
8. 비 빔 밥
9. 아 침 밥
10. 눈 동 자
11. 눈 사 람
12. 문 고 리
13. 산 바 람
14. 손 바 닥
15. 물 고 기
16. 물 줄 기
17. 발 바 닥
18. 결 정 하 다
19. 발 걸 음
20. 장 바 구 니

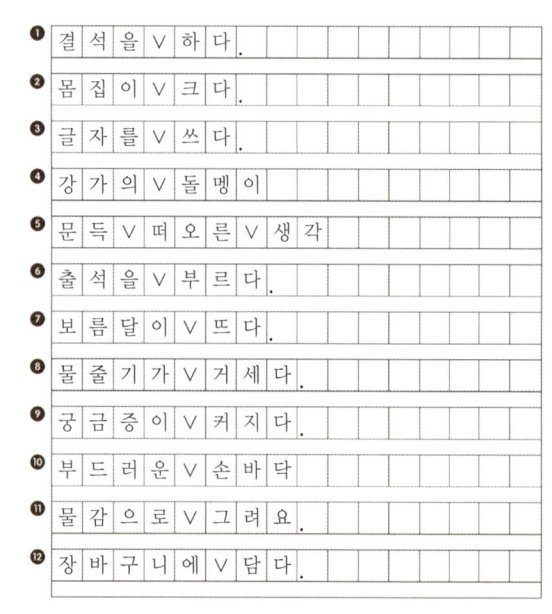

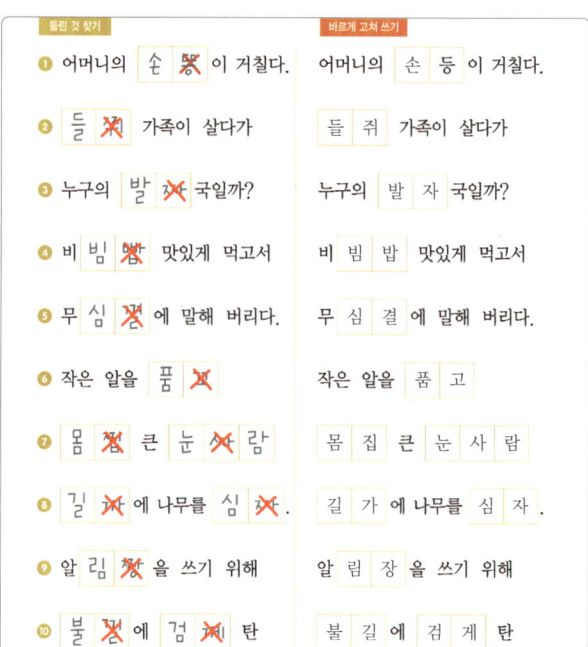

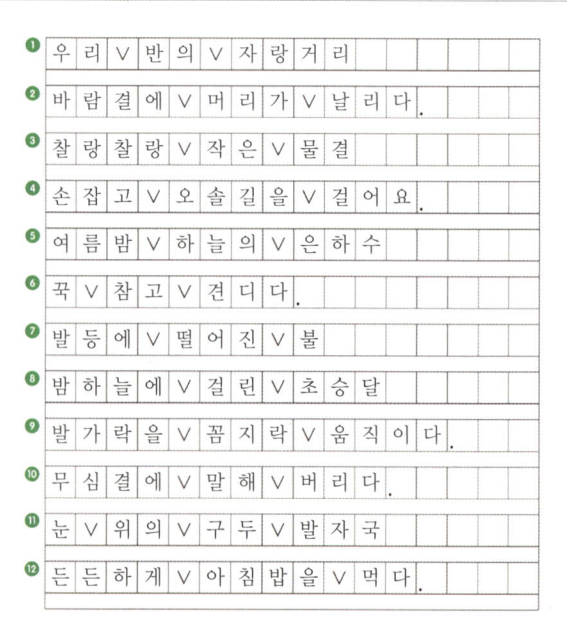

어구와 문장 연습하기 1, 2

아이 스스로 공부하도록 지도해 주세요.

5회 90쪽

1. 눈사람을 만들어요. / 눈사람을 만들어요.
2. 손바닥을 비벼요. / 손바닥을 비벼요.
3. 무거운 걸상 / 무거운 걸상
4. 글자를 배워요. / 글자를 배워요.
5. 물감으로 그려요. / 물감으로 그려요.
6. 발걸음도 가볍게 / 발걸음도 가볍게
7. 살결이 곱다. / 살결이 곱다.
8. 밤길 조심해. / 밤길 조심해.
9. 보름달이 둥글다. / 보름달이 둥글다.
10. 용돈이 모자라요. / 용돈이 모자라요.

6회 91쪽

틀린 것 찾기	바르게 고쳐 쓰기
1. 어머니의 손 ~~뜽~~ 이 거칠다.	어머니의 손등이 거칠다.
2. 들 ~~쮜~~ 가족이 살다가	들쥐 가족이 살다가
3. 누구의 발 ~~짜~~ 국일까?	누구의 발자국일까?
4. 비빔 ~~빱~~ 맛있게 먹고서	비빔밥 맛있게 먹고서
5. 무심 ~~껼~~ 에 말해 버리다.	무심결에 말해 버리다.
6. 작은 알을 품 ~~꼬~~	작은 알을 품고
7. 몸 ~~찜~~ 큰 눈 ~~싸~~ 람	몸집 큰 눈사람
8. 길 ~~까~~ 에 나무를 심 ~~짜~~.	길가에 나무를 심자.
9. 알림 ~~짱~~ 을 쓰기 위해	알림장을 쓰기 위해
10. 불 ~~낄~~ 에 검 ~~께~~ 탄	불길에 검게 탄

어구와 문장 받아쓰기 1, 2

정확한 발음으로 한 번만 불러 주세요. 단, 받아쓰기가 익숙하지 않아 잘 못 알아들었을 경우 한 번 더 불러 주세요. 띄어쓰기 (∨) 부분은 짧게 띄어 읽어 주세요.

7회 92쪽

1. 결석을∨하다.
2. 몸집이∨크다.
3. 글자를∨쓰다.
4. 강가의∨돌멩이
5. 문득∨떠오른∨생각
6. 출석을∨부르다.
7. 보름달이∨뜨다.
8. 물줄기가∨거세다.
9. 궁금증이∨커지다.
10. 부드러운∨손바닥
11. 물감으로∨그려요.
12. 장바구니에∨담다.

8회 93쪽

1. 우리∨반의∨자랑거리
2. 바람결에∨머리가∨날리다.
3. 찰랑찰랑∨작은∨물결
4. 손잡고∨오솔길을∨걸어요.
5. 여름밤∨하늘의∨은하수
6. 꾹∨참고∨견디다.
7. 발등에∨떨어진∨불
8. 밤하늘에∨걸린∨초승달
9. 발가락을∨꼼지락∨움직이다.
10. 무심결에∨말해∨버리다.
11. 눈∨위의∨구두∨발자국
12. 든든하게∨아침밥을∨먹다.

18단계

어려운 모음 아래 받침 때문에 된소리가 나요

★이것을 가르쳐 주세요★

이 단계에서는 '앞 글자의 모음(ㅘ, ㅒ, ㅔ, ㅝ, ㅟ, ㅒ, ㅖ, ㅢ, ㅚ, ㅙ, ㅞ) + 받침(ㄱ, ㄷ, ㅂ/ㄴ, ㄹ, ㅁ, ㅇ) + 뒷글자의 첫소리(ㄱ, ㄷ, ㅂ, ㅅ, ㅈ)'일 때 나타나는 소리 변화를 알고 받아쓰도록 지도합니다.

- **어려운 모음이 있는 낱말 바르게 읽고 쓰기**
- **앞 글자의 받침 'ㄱ,ㄷ,ㅂ/ㄴ,ㄹ,ㅁ,ㅇ' 뒤에 오는 글자의 첫소리가 'ㄱ,ㄷ,ㅂ,ㅅ,ㅈ'이면 뒷글자의 첫소리가 된소리로 되는 현상 알기**

★학습 목표★

이 단계에서는 어렵기 때문에 아이가 된소리되기를 알면서도 모음 때문에 틀리는 경우가 많습니다. 먼저, 학생들이 큰 소리로 읽으며 소리의 변화를 스스로 느낄 수 있게 해 주세요. 소리의 변화를 스스로 느꼈다면 모음의 형태를 다시 한 번 확인하게 해 주세요. 그리고 각 글자를 나누어 불러 주지 말고 그냥 이어서 발음하여 학생이 스스로 구별할 수 있게 해 주세요.

★지도할 때 주의할 점★

이번 단계에서는 모음을 복습하면서 동시에 받침 7개와 그 뒤에서 첫소리가 평음(ㄱ, ㄷ, ㅂ, ㅅ, ㅈ)일 때 된소리로 소리 나는 것을 복습하는 것이므로, 학부모님께서는 각 글자를 나누어 불러 주지 말고 그냥 이어서 발음하여 아이가 스스로 구별할 수 있게 해 주세요. 만약 아이가 받아쓰기를 어려워할 경우에 앞 단계처럼 각 글자를 나누어 불러 준 후 다시 된소리로 불러 주시면 됩니다.

낱말 연습하기 1, 2

아이 스스로 공부하도록 지도해 주세요.
진하게 쓴 글자를 바르게 쓰는지 확인해 주세요.

1회 96쪽

1.  액자 — 액자
2.  책상 — 책상
3.  택시 — 택시
4.  백두산 — 백두산
5.  색동옷 — 색동옷
6.  색종이 — 색종이
7.  책가방 — 책가방
8.  책받침 — 책받침
9.  백과사전 — 백과사전
10. 6-3=3 뺄셈 — 뺄셈

2회 97쪽

1. 운동회에서 청군과 대결하는 팀을 무엇이라고 부르나요?
   ① (백군) ② 백꾼 — 백군
2. 아기들이 첫돌이 되었을 때 먹는 떡은 무엇인가요?
   ① (백설기) ② 백썰기 — 백설기
3. 소리 없이 조용히 내리는 비를 일컫는 말은 무엇인가요?
   ① (색시비) ② 색씨비 — 색시비
4. 책장과 책장의 사이를 가리키는 말은 무엇인가요?
   ① (책갈피) ② 책깔피 — 책갈피
5. 결혼한 지 얼마 안 된 여자를 부르는 말은 무엇인가요?
   ① (새색시) ② 새색씨 — 새색시
6. 고춧가루를 많이 넣은 음식의 맛은 어떤가요?
   ① 맵따 ② (맵다) — 맵다
7. 아름답고 보기 좋은 모양새를 나타내는 말은 무엇인가요?
   ① (맵시) ② 맵씨 — 맵시
8. '차가운 국'을 뜻하는 말은 무엇인가요?
   ① (냉국) ② 냉꾹 — 냉국
9. 불을 때는 데 쓰는 재료를 무엇이라고 하나요?
   ① 땔깜 ② (땔감) — 땔감
10. 몸을 움직여 행동하는 것을 뜻하는 말은 무엇인가요?
    ① 활똥 ② (활동) — 활동

낱말 받아쓰기 1, 2

진하게 쓴 글자의 발음에 유의하며 한 번만 불러 주세요.
단, 받아쓰기가 익숙하지 않아 잘 못 알아들었을 경우 한 번 더 불러 주세요.

3회 98쪽

1. 객석
2. 댄스
3. 맥주
4. 백군
5. 백기
6. 백성
7. 백송 * 백송 :하얀 소나무
8. 백지
9. 액자
10. 색상
11. 색시
12. 색지
13. 책상
14. 택시
15. 핵심
16. 확대
17. 백조
18. 땔감
19. 활동
20. 활자

4회 99쪽

1. 백두산
2. 백설기
3. 액수
4. 백과사전
5. 새색시
6. 색시비
7. 색종이
8. 색동저고리
9. 책가방
10. 책걸상
11. 책받침
12. 책벌레
13. 핵가족
14. 왁자지껄
15. 확산되다
16. 확실하다
17. 확장하다
18. 맵다
19. 뵙다
20. 쉽게

어구와 문장 연습하기 1, 2

● 아이 스스로 공부하도록 지도해 주세요.

5회 100쪽

❶ 백 군 이겨라.
백 군 이겨라.

❷ 백 설 기 떡을 먹고
백 설 기 떡을 먹고

❸ 수줍은 새 색 시
수줍은 새 색 시

❹ 여러 가지 색 종 이
여러 가지 색 종 이

❺ 노란 색 지 를 오려서
노란 색 지 를 오려서

❻ 국어 책 과 수학책
국어 책 과 수학책

❼ 책 상 이 크다.
책 상 이 크다.

❽ 고추가 맵 다.
고추가 맵 다.

❾ 맵 시 가 곱다.
맵 시 가 곱다.

❿ 뺄 셈 은 어려워.
뺄 셈 은 어려워.

6회 101쪽

틀린 것 찾기	바르게 고쳐 쓰기
❶ 객 ~~꽌~~ 식 문제가 더 쉽다.	객 관 식 문제가 더 쉽다.
❷ 백 ~~뚜~~ 산의 천지	백 두 산의 천지
❸ 색 ~~똥~~ 저고리 맵시가 곱다.	색 동 저고리 맵시가 곱다.
❹ 오 색 ~~씰~~ 로 작품을 만들어	오 색 실 로 작품을 만들어
❺ 애들이 왁 ~~짜~~ 지껄 떠든다.	애들이 왁 자 지껄 떠든다.
❻ 비가 좍 ~~쫙~~ 내린다.	비가 좍 좍 내린다.
❼ 책 ~~짱~~ 에 책을 바로 꽂아라.	책 장 에 책을 바로 꽂아라.
❽ 활 ~~쭈~~ 로 위의 비행기	활 주 로 위의 비행기
❾ 금 속 활 ~~짜~~ 의 발명	금 속 활 자 의 발명
❿ 시원한 오이 냉 ~~꾹~~	시원한 오이 냉 국

어구와 문장 받아쓰기 1, 2

● 정확한 발음으로 한 번만 불러 주세요. 단, 받아쓰기가 익숙하지 않아 잘 못 알아들었을 경우 한 번 더 불러 주세요. 띄어쓰기 (∨) 부분은 짧게 띄어 읽어 주세요.

7회 102쪽

❶ 책상과∨책장
❷ 청군과∨백군
❸ 책상과∨걸상
❹ 국어책과∨수학책
❺ 색동저고리를∨입고
❻ 백과사전을∨보니
❼ 택시가∨지나가다.
❽ 색종이를∨빌려주다.
❾ 백설기∨떡을∨먹고서
❿ 책가방에∨책이∨가득
⓫ 액자∨속의∨그림
⓬ 뺄셈은∨어렵다.

8회 103쪽

❶ 벽에∨걸린∨액자
❷ 새색시∨시장∨가는∨날
❸ 색종이를∨반으로∨접다.
❹ 감자를∨백설탕에∨찍어∨먹다.
❺ 저녁에∨비가∨좍좍∨내리다.
❻ 스스로∨활동을∨하다.
❼ 객석이∨꽉∨차다.
❽ 연못에∨백조∨한∨마리가
❾ 백과사전이∨두껍고∨무겁다.
❿ 노란∨색지로∨별을∨만들자.
⓫ 오락가락∨색시비가∨내린다.
⓬ 독서를∨좋아하는∨책벌레

중간 평가 2회

실제로 시험을 보는 자세로 임하게 지도해 주세요.
정확한 발음으로 한 번만 불러 주세요.

2회 104쪽

틀린 것 찾기	바르게 고쳐 쓰기
❶ 맛있는 떡꾹	맛있는 떡국
❷ 뜨거운 옥쑤수	뜨거운 옥수수
❸ 학꾜에서 공부해요.	학교에서 공부해요.
❹ 용똔이 모자라요.	용돈이 모자라요.
❺ 밤낄 조심해.	밤길 조심해.
❻ 보름딸이 둥글다.	보름달이 둥글다.
❼ 발껄음도 가볍게	발걸음도 가볍게
❽ 고추가 맵따.	고추가 맵다.
❾ 밥쌍이 크다.	밥상이 크다.
❿ 수줍은 새색씨	수줍은 새색시

2회 105쪽

틀린 것 찾기	바르게 고쳐 쓰기
❶ 백꾼 이겨라.	백군 이겨라.
❷ 뺄쎔은 어려워.	뺄셈은 어려워.
❸ 맵씨가 곱다.	맵시가 곱다.
❹ 어두운 골목낄	어두운 골목길
❺ 재미있는 낙써	재미있는 낙서
❻ 애국까를 부르자.	애국가를 부르자.
❼ 물깜으로 그려요.	물감으로 그려요.
❽ 알림짱에 적어요.	알림장에 적어요.
❾ 물꼬기를 길러요.	물고기를 길러요.
❿ 무거운 걸쌍	무거운 걸상

중간 평가 2회

실제로 시험을 보는 자세로 임하게 지도해 주세요.
정확한 발음으로 한 번만 불러 주세요.

2회 106쪽

1. 탁자 위의 접시들
2. 각자 집으로 가자
3. 갑자기 내린 소나기
4. 손바닥 위의 돌 하나
5. 눈 내린 산길을 걸어가다.
6. 발가락을 다쳐서 큰일이야.
7. 무심결에 말해 버리다.
8. 눈 위의 구두 발자국
9. 백과사전을 찾아보다.
10. 노란 색지로 병아리 만들자.
11. 걷다가 돌부리에 걸려
12. 청군 이겨라, 백군 이겨라.
13. 덕수궁 돌담길을 걸어요.
14. 오색실로 만든 색동저고리

2회 107쪽

1. 문득 떠오른 생각
2. 글자를 만들어요.
3. 좁다란 학교 길
4. 장난감 기차놀이
5. 갈대들이 바람따라
6. 작은 고추가 맵다.
7. 겨울밤 하늘에 초승달이
8. 꾹 참고 견디다.
9. 액자 속에 든 사진
10. 새색시 시장 가는 날
11. 색종이를 반으로 접다.
12. 돌담길을 따라 걷다.
13. 새끼손가락 걸고 약속해.
14. 저녁에 비가 좍좍 내리다.

19단계

받침 'ㅋ, ㅍ, ㄲ' 때문에 된소리가 나요

★이것을 가르쳐 주세요★

이 단계에서는 '앞 글자의 받침(ㅋ, ㅍ, ㄲ) + 뒷글자의 첫소리(ㄱ, ㄷ, ㅂ, ㅅ, ㅈ)'일 때 나타나는 소리 변화를 이해하도록 지도합니다.

- **앞 글자의 받침 'ㅋ, ㅍ, ㄲ' 뒤에 오는 글자의 첫소리가 'ㄱ, ㄷ, ㅂ, ㅅ, ㅈ'이면 뒷글자의 첫소리가 된소리로 되는 현상 알기**

★학습 목표★

- **자음 'ㅋ, ㅍ, ㄲ'이 받침으로 쓰일 때의 대표음 알기**

자음 'ㄲ, ㅋ'이 받침으로 쓰일 때에는 [ㄱ]으로, 자음 'ㅍ'이 받침으로 쓰일 때에는 [ㅂ]으로 소리가 납니다. 즉, '밖'은 [박]으로 '부엌'은 [부억]으로 '앞'은 [압]으로 소리가 납니다. 아이들이 바르게 소리 내어 읽을 수 있도록 지도하여 주세요.

'ㅋ, ㅍ, ㄲ'이 [ㄱ]과 [ㅂ]으로 소리가 나기 때문에 이 받침이 뒷글자의 첫소리 'ㄱ, ㄷ, ㅂ, ㅅ, ㅈ'와 만나면 된소리로 소리 납니다. 예를 들면, '갚다'의 받침 'ㅍ'은 [ㅂ]으로 소리나서 [갑]이 되고, 이것은 뒷글자 첫소리 'ㄷ'과 만나 [갑따]로 소리 납니다.

★지도할 때 주의할 점★

이 단계는 아이가 앞 글자의 받침을 잘못 쓸 경우 받침의 대표음에 대한 설명을 다시 한 번 해 주시기 바랍니다. 그러나 앞 글자의 받침은 제대로 표기하는데 뒷글자의 첫소리를 잘못 표기할 경우 16단계로 돌아가 된소리되기의 처음 부분을 복습하도록 지도합니다.

이 단계에서 다루는 낱말들은 실제 그 수가 많지 않으므로, 일단 암기를 시키는 것도 좋은 방법입니다.

낱말 연습하기 1, 2

아이 스스로 공부하도록 지도해 주세요.
진하게 쓴 글자를 바르게 쓰는지 확인해 주세요.

1회 110쪽

번호	그림	따라 쓰기	쓰기
1		덮 개	덮 개
2		숲 속	숲 속
3		옆 줄	옆 줄
4		앞 구 르 기	앞 구 르 기
5		엎 드 리 다	엎 드 리 다
6		낚 시	낚 시
7		닦 다	닦 다
8		묶 다	묶 다
9		볶 다	볶 다
10		섞 다	섞 다

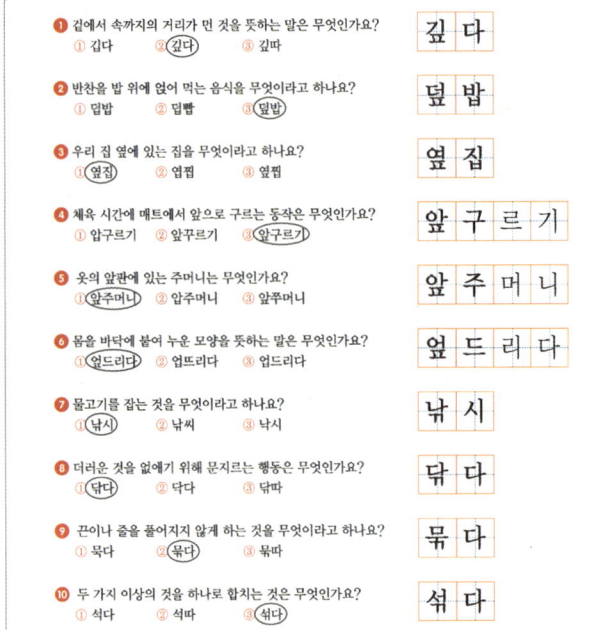

2회 111쪽

1. 겉에서 속까지의 거리가 먼 것을 뜻하는 말은 무엇인가요?
   ① 깁다 ②(깊다) ③ 깊따 — 깊 다
2. 반찬을 밥 위에 얹어 먹는 음식을 무엇이라고 하나요?
   ① 덥밥 ② 덥빱 ③(덮밥) — 덮 밥
3. 우리 집 옆에 있는 집을 무엇이라고 하나요?
   ①(옆집) ② 엽찝 ③ 옆찝 — 옆 집
4. 체육 시간에 매트에서 앞으로 구르는 동작은 무엇인가요?
   ① 압구르기 ② 앞꾸르기 ③(앞구르기) — 앞 구 르 기
5. 옷의 앞판에 있는 주머니는 무엇인가요?
   ①(앞주머니) ② 압주머니 ③ 앞쭈머니 — 앞 주 머 니
6. 몸을 바닥에 붙여 누운 모양을 뜻하는 말은 무엇인가요?
   ①(엎드리다) ② 엎뜨리다 ③ 업드리다 — 엎 드 리 다
7. 물고기를 잡는 것을 무엇이라고 하나요?
   ①(낚시) ② 낚씨 ③ 낙시 — 낚 시
8. 더러운 것을 없애기 위해 문지르는 행동은 무엇인가요?
   ①(닦다) ② 닥다 ③ 닦따 — 닦 다
9. 끈이나 줄을 풀어지지 않게 하는 것을 무엇이라고 하나요?
   ① 묵다 ②(묶다) ③ 묶따 — 묶 다
10. 두 가지 이상의 것을 하나로 합치는 것은 무엇인가요?
    ① 석다 ② 석따 ③(섞다) — 섞 다

낱말 받아쓰기 1, 2

진하게 쓴 글자의 발음에 유의하며 한 번만 불러 주세요.
단, 받아쓰기가 익숙하지 않아 잘 못 알아들었을 경우 한 번 더 불러 주세요.

3회 112쪽

1. 덮 기
2. 덮 개
3. 숲 길
4. 숲 속
5. 앞 뒤
6. 앞 발
7. 앞 산
8. 앞 줄
9. 앞 집
10. 옆 길
11. 옆 방
12. 옆 선
13. 옆 집
14. 짚 단
15. 짚 신
16. 꺾 기
17. 낚 시
18. 닦 기
19. 닭 달
20. 볶 기

4회 113쪽

1. 갚 다
2. 깊 다
3. 높 다
4. 덮 다
5. 앞 가 슴
6. 앞 서 다
7. 앞 자 락
8. 앞 구 르 기
9. 엎 드 려
10. 옆 구 리
11. 잎 사 귀
12. 짚 고 서
13. 무 릎 도
14. 낚 다
15. 낚 시 터
16. 닦 다
17. 덖 다
18. 묶 다
19. 볶 다
20. 엮 다

어구와 문장 연습하기 1, 2 ● 아이 스스로 공부하도록 지도해 주세요.

5회 114쪽

1. 돈을 갚 다. / 돈을 갚 다.
2. 오징어 덮 밥 / 오징어 덮 밥
3. 앞 뒤 를 살피다. / 앞 뒤 를 살피다.
4. 앞 산 에 오르다. / 앞 산 에 오르다.
5. 봉사에 앞 장 서다. / 봉사에 앞 장 서다.
6. 앞 집 에 살아요. / 앞 집 에 살아요.
7. 옆 선 을 다려요. / 옆 선 을 다려요.
8. 짚 단 을 태우다. / 짚 단 을 태우다.
9. 그릇을 닦 다. / 그릇을 닦 다.
10. 머리를 묶 다. / 머리를 묶 다.

6회 115쪽

틀린 것 찾기	바르게 고쳐 쓰기
❶ 귀 덮 ~~께~~ 를 하면 따뜻해.	귀 덮 개 를 하면 따뜻해.
❷ 숲 ~~쏙~~ 공기가 상쾌하다.	숲 속 공기가 상쾌하다.
❸ 앞 ~~꾸~~ 르기 하니 어지럽다.	앞 구 르기 하니 어지럽다.
❹ 앞 ~~쭈~~ 머니에 돈을 넣었다.	앞 주 머니에 돈을 넣었다.
❺ 철수가 영수를 앞 ~~찌~~ 르다.	철수가 영수를 앞 지 르다.
❻ 옆 ~~빵~~ 에 있는 동생	옆 방 에 있는 동생
❼ 잎 ~~싸~~ 귀가 아름답다.	잎 사 귀가 아름답다.
❽ 짚 ~~뿔~~ 에 고구마를 굽다.	짚 불 에 고구마를 굽다.
❾ 공부하라고 닦 ~~딸~~ 한다.	공부하라고 닦 달 한다.
❿ 멸치를 맛있게 볶 ~~따~~.	멸치를 맛있게 볶 다.

어구와 문장 받아쓰기 1, 2 ● 정확한 발음으로 한 번만 불러 주세요. 단, 받아쓰기가 익숙하지 않아 잘 못 알아들었을 경우 한 번 더 불러 주세요. 띄어쓰기 (∨) 부분은 짧게 띄어 읽어 주세요.

7회 116쪽

1. 오징어∨덮밥
2. 맨∨앞줄에∨서다.
3. 강물이∨깊다.
4. 콩을∨볶다.
5. 이야기를∨엮다.
6. 눈물을∨닦다.
7. 땅바닥에∨엎드려
8. 버스를∨앞지르다.
9. 물고기를∨낚다.
10. 옆줄과∨떨어져서
11. 짐을∨끈으로∨묶고
12. 옆집에∨사는∨누나

8회 117쪽

1. 보리와∨쌀을∨섞다.
2. 이불을∨꼭∨덮고∨자거라.
3. 깊고∨작은∨산골짜기
4. 산이∨높고∨푸르다.
5. 굴비를∨한∨마리씩∨엮다.
6. 책상에∨엎드려∨잠이∨들다.
7. 캥거루의∨앞주머니
8. 책을∨잠깐∨덮고
9. 짚으로∨짚신을∨만들어∨신다.
10. 얼음판∨위에서∨낚시를∨하다.
11. 체육∨시간∨앞구르기∨시험
12. 할머니가∨지팡이를∨짚고서

20단계

받침 'ㅅ, ㅆ, ㅈ, ㅊ, ㅌ' 때문에 된소리가 나요

★이것을 가르쳐 주세요★

이 단계에서는 '앞 글자의 받침(ㅅ, ㅆ, ㅈ, ㅊ, ㅌ) + 뒷글자의 첫소리(ㄱ, ㄷ, ㅂ, ㅅ, ㅈ)'일 때 나타나는 소리 변화를 이해하도록 지도합니다.

- **앞 글자의 받침 'ㅅ,ㅆ,ㅈ,ㅊ,ㅌ' 뒤에 오는 글자의 첫소리가 'ㄱ,ㄷ,ㅂ,ㅅ,ㅈ'이면 뒷글자의 첫소리가 된소리로 되는 현상 알기**

★학습 목표★

받침 'ㅅ, ㅆ, ㅈ'과 'ㅊ, ㅌ'은 [ㄷ]으로 소리가 납니다. 그래서 앞 글자의 받침이 'ㅅ, ㅆ, ㅈ'과 'ㅊ, ㅌ'으로 끝나면 뒷글자의 첫소리가 된소리가 납니다. 그리고, 받침이 'ㅆ'인 낱말은 과거를 나타내는 말을 쓸 때 자주 사용합니다. 이 단계에서 배우는 낱말은 자주 사용하는 오류를 범하지 않도록 지도하여 주시기 바랍니다.

이 단계에서는 대부분 음절의 끝소리를 몰라서 틀리는 경우가 많습니다. 된소리보다는 글자의 끝소리 지도에 더욱 신경써 주세요.

★지도할 때 주의할 점★

이 단계는 '된소리되기'를 가르칠 때 가장 어려운 부분에 해당합니다. 앞에서 공부한 다른 된소리되기 현상과 비교했을 때 앞 글자의 받침이 다소 어렵기 때문입니다. 그래서 아이가 된소리를 알아도 받침을 틀리는 경우가 많습니다. 된소리되기의 원리를 알고 있으나, 받침을 정확하게 표기하지 못하는 경우에는 반복 학습을 통해 오류를 최소화하는 것이 효과적입니다.

낱말 연습하기 1, 2

아이 스스로 공부하도록 지도해 주세요.
진하게 쓴 글자를 바르게 쓰는지 확인해 주세요.

1회 120쪽

1.  맛살 — 맛살
2. 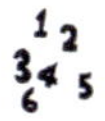 숫자 — 숫자

3.  옷걸이 — 옷걸이
4.  옷고름 — 옷고름
5.  연못가 — 연못가
6.  곶감 — 곶감
7.  낮잠 — 낮잠
8.  꽃게 — 꽃게
9.  꽃밭 — 꽃밭
10.  숯덩이 — 숯덩이

2회 121쪽

1. 옷을 넣어 두는 가구는 무엇인가요?
   ① 옷짱 ②(옷장) ③ 옫장 — 옷장
2. 아직 덜 익은 사과를 무엇이라고 하나요?
   ①(풋사과) ② 풋싸과 ③ 푿사과 — 풋사과
3. 그 해에 새로 난 밤은 무엇인가요?
   ① 햇빰 ②(햇밤) ③ 햇빰 — 햇밤
4. 남의 것을 억지로 자기 것으로 만드는 것을 무엇이라고 하나요?
   ① 빼았다 ②(빼앗다) ③ 빼아따 — 빼앗다
5. 아침에 늦게까지 자는 잠을 무엇이라고 하나요?
   ①(늦잠) ② 늦짬 ③ 늗잠 — 늦잠
6. 물이 배어 축축하게 된 상태를 뜻하는 말은 어느 것인가요?
   ①(젖다) ② 젇다 ③ 젖따 — 젖다
7. 꽃을 심어 가꾼 밭을 무엇이라고 하나요?
   ① 꼳밭 ②(꽃밭) ③ 꽃빹 — 꽃밭
8. 처음 만나서 서먹서먹한 상태를 나타내는 말은 어느 것인가요?
   ①(낯설다) ② 난설다 ③ 낯썰다 — 낯설다
9. '어떤 일을 담당하다.'라는 뜻을 가진 말은 무엇인가요?
   ①(맡다) ② 맏다 ③ 맡따 — 맡다
10. 놓치지 않도록 단단히 쥐는 행동을 무엇이라고 하나요?
    ① 붇잡다 ②(붙잡다) ③ 붙짭다 — 붙잡다

낱말 받아쓰기 1, 2

진하게 쓴 글자의 발음에 유의하며 한 번만 불러 주세요.
단, 받아쓰기가 익숙하지 않아 잘 못 알아들었을 경우 한 번 더 불러 주세요.

3회 122쪽

1. 맛살
2. 벗다
3. 빗질
4. 숫자
5. 씻기
6. 옷솔
7. 옷장
8. 햇밤
9. 햇볕
10. 햇살
11. 곶감
12. 낮잠
13. 늦잠
14. 꽃게
15. 꽃밭
16. 꽃집
17. 낯선
18. 숯불
19. 낱개
20. 밑줄

4회 123쪽

1. 솟다
2. 빗다
3. 씻다
4. 옷걸이
5. 풋사과
6. 햇과일
7. 헛수고
8. 왔다
9. 낮다
10. 늦다
11. 젖다
12. 알맞게
13. 꽃게찜
14. 꽃동네
15. 꽃동산
16. 꽃반지
17. 숯덩이
18. 쫓다
19. 같다
20. 붙잡다

어구와 문장 연습하기 1, 2

아이 스스로 공부하도록 지도해 주세요.

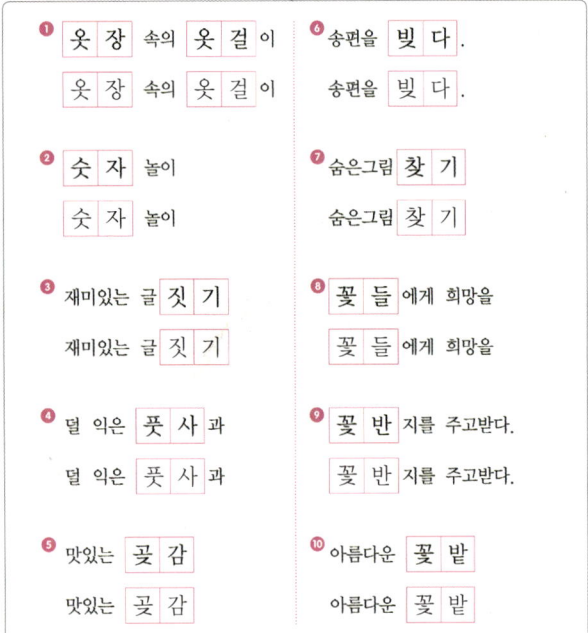

5회 124쪽

1. 옷장 속의 옷걸이
   옷장 속의 옷걸이
2. 숫자 놀이
   숫자 놀이
3. 재미있는 글짓기
   재미있는 글짓기
4. 덜 익은 풋사과
   덜 익은 풋사과
5. 맛있는 곶감
   맛있는 곶감
6. 송편을 빚다.
   송편을 빚다.
7. 숨은그림 찾기
   숨은그림 찾기
8. 꽃들에게 희망을
   꽃들에게 희망을
9. 꽃반지를 주고받다.
   꽃반지를 주고받다.
10. 아름다운 꽃밭
    아름다운 꽃밭

6회 125쪽

틀린 것 찾기	바르게 고쳐 쓰기
① 깨끗하게 ~~씼~~ ~~다~~.	깨끗하게 씻다.
② 고소하고 맛있는 햇 ~~밤~~	고소하고 맛있는 햇밤
③ 호랑이가 무서워하는 곶 ~~감~~	호랑이가 무서워하는 곶감
④ 아침에 늦 ~~잠~~을 자서	아침에 늦잠을 자서
⑤ 비에 옷이 젖 ~~다~~.	비에 옷이 젖다.
⑥ 알맞 ~~게~~ 익은 포도	알맞게 익은 포도
⑦ 맛있는 꽂 ~~게~~ 찜	맛있는 꽃게 찜
⑧ 새집이 매우 낯 ~~설~~ 다.	새집이 매우 낯설다.
⑨ 쌍둥이는 생일이 같 ~~다~~.	쌍둥이는 생일이 같다.
⑩ 꽃 ~~밭~~에 꽃이 폈 ~~다~~.	꽃밭에 꽃이 폈다.

어구와 문장 받아쓰기 1, 2

정확한 발음으로 한 번만 불러 주세요. 단, 받아쓰기가 익숙하지 않아 잘 못 알아들었을 경우 한 번 더 불러 주세요. 띄어쓰기 (V) 부분은 짧게 띄어 읽어 주세요.

7회 126쪽

1. 집을V짓다.
2. 숨은그림찾기
3. 연둣빛V풋사과
4. 시간을V빼앗다.
5. 손발을V씻고서
6. 두V끈을V서로V잇다.
7. 검은V숯덩이
8. 꽃의V향기를V맡고
9. 봄볕과V봄바람
10. 햇과일이V맛있다.
11. 헛수고를V하다.
12. 숙제를V모두V했다.

8회 127쪽

1. 꽃을V병에V꽂다.
2. 곶감을V무서워하는V호랑이
3. 신이V발에V꼭V맞다.
4. 환한V미소를V짓다.
5. 강아지가V멍멍V짖더니
6. 옥수수가V알맞게V익었다.
7. 옷고름을V단정히V하고
8. 매우V큰V꽃게찜
9. 낯선V담벼락V아래에서
10. 숯불에V고기를V구워V먹었다.
11. 토끼가V낮잠을V자는V바람에
12. 고양이가V쥐를V쫓다.

종합 평가 2회

실제로 시험을 보는 자세로 임하게 지도해 주세요.
정확한 발음으로 한 번만 불러 주세요.

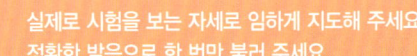

2회 128쪽

틀린 것 찾기	바르게 고쳐 쓰기
❶ 입쑬을 움직이다.	입술을 움직이다.
❷ 육쌍부와 축꾸부	육상부와 축구부
❸ 글짜를 배워요.	글자를 배워요.
❹ 살결이 곱따.	살결이 곱다.
❺ 백썰기 떡을 먹꼬	백설기 떡을 먹고
❻ 노란 색찌를 오려서	노란 색지를 오려서
❼ 숨은그림 찾끼	숨은그림 찾기
❽ 옷짱 속의 옷껄이	옷장 속의 옷걸이
❾ 그릇을 닦따.	그릇을 닦다.
❿ 돈을 다 갚따.	돈을 다 갚다.

2회 129쪽

❶ 숙제를 먼저 하고
❷ 내가 과학자가 되면
❸ 축구를 했다.
❹ 현장학습을 가서
❺ 둥근 보름달이 떴다.
❻ 궁금증이 풀리다.
❼ 밤길을 걸어가다가
❽ 길가에 핀 장미
❾ 책상 위의 책과 공책
❿ 이슬비 색시비
⓫ 백성들을 위하여
⓬ 백두산 위에 올라가니

종합 평가 2회

실제로 시험을 보는 자세로 임하게 지도해 주세요.
정확한 발음으로 한 번만 불러 주세요.

2회 130쪽

❶ 동굴 입구를 막고서
❷ 초록색 주머니 속에는
❸ 형제들이 정답게 모여
❹ 반지를 손가락에 끼우다.
❺ 배우기 어려운 글자
❻ 곰이 벌집을 따서
❼ 돌부리에 걸려 넘어지다.
❽ 용돈을 저금통에 모아서
❾ 색종이 반지를 만들어
❿ 책과 눈과의 거리
⓫ 샘골 마을로 가는 버스
⓬ 책가방을 들어 줘서 고마워.

2회 131쪽

❶ 앞산에 걸린 달
❷ 깨물어 보고 싶다.
❸ 주의 깊게 들어 보세요.
❹ 책상에 엎드려 책을 보다.
❺ 머리를 맞대고 문제를 풀어
❻ 얼레와 실을 잇기
❼ 약속을 잊고 낮잠을 잤다.
❽ 멋진 선수가 되고 싶다.
❾ 자전거를 붙잡아 타고
❿ 나물로 만든 비빔밥
⓫ 산바람이 잠시 쉬어 가는
⓬ 발등에 떨어진 불을 꺼야지.

종합 평가 2회

실제로 시험을 보는 자세로 임하게 지도해 주세요.
정확한 발음으로 한 번만 불러 주세요.

2회 132쪽

1. 무심결에 말해 버렸다.
2. 몸집이 가장 큰 동물은
3. 걸상이 넘어지다.
4. 돌담길 아래를 따라
5. 도둑맞은 지갑을 찾다.
6. 곧고 곧은 대나무처럼
7. 물고기들이 왔다 갔다 해요.
8. 꽃밭에는 꽃들이 모여
9. 멋쟁이 신사가 지팡이를 들고
10. 땅을 파서 보물을 묻다.
11. 파란 색종이를 찢다.
12. 하얀 도화지를 샀다.

★이것을 배웠어요★

16~20단계는 된소리되기 현상에 대하여 살펴보았습니다.

16~17단계	쉬운 받침과 뒷글자의 첫소리(ㄱ, ㄷ, ㅂ, ㅅ, ㅈ)가 만나면 된소리로 소리 나는 현상 학습하기
18단계	어려운 모음이 있는 낱말의 된소리되기 현상 학습하기
19~20단계	받침이 있는 낱말의 된소리되기 현상 학습하기

★이것만은 다시 확인해요★

① 된소리가 나는 원리를 알고, 바르게 읽고 쓸 수 있나요?

② 어려운 모음이 있는 낱말의 된소리 되기 현상을 알고, 원래 모양대로 쓸 수 있나요?

③ 낱말과 낱말을 띄어 읽을 수 있나요?

국내 최초! 우리말 어법에 기초한 받아쓰기 프로그램!

이 책은 초등 국어 교과서를 집필한 최영환 교수가 우리말의 원리와 아이의 언어 습득 과정을 분석하여 만든 특별한 받아쓰기 프로그램입니다. 이 프로그램을 통하여 아이는 국어 듣기, 쓰기 능력을 놀랍도록 향상시킬 수 있고, 국어 공부에 필요한 다양한 문법 지식까지 자연스럽게 익힐 수 있습니다. 총 4권, 40단계로 구성되어 있으며 학년에 관계 없이 1권부터 공부할 수 있도록 짜여진 프로그램식 교재입니다.

1권	1장	받침이 없는 쉬운 음절	1단계	쉬운 모음과 자음이 있는 음절을 써요
			2단계	어려운 자음이 있는 음절을 써요
			3단계	헷갈리는 모음이 있는 음절을 써요
	2장	받침이 있는 쉬운 음절	4단계	받침 'ㅇ, ㄹ, ㅁ'이 있는 음절을 써요
			5단계	받침 'ㄱ, ㄴ, ㅂ'이 있는 음절을 써요
	3장	받침이 없는 어려운 음절	6단계	모음 'ㅝ, ㅟ'를 구별해요
			7단계	모음 'ㅒ, ㅖ, ㅢ'를 구별해요
			8단계	모음 'ㅚ, ㅙ, ㅞ'를 구별해요
	4장	받침이 있는 어려운 음절	9단계	받침과 어려운 모음이 있는 음절을 써요 1
			10단계	받침과 어려운 모음이 있는 음절을 써요 2

2권	1장	연음법칙 1	11단계	받침 'ㄹ, ㅁ'이 뒤로 넘어가요
			12단계	받침 'ㄱ, ㄴ, ㅂ'이 뒤로 넘어가요
			13단계	어려운 모음 아래 받침이 뒤로 넘어가요
	2장	연음법칙 2	14단계	받침 'ㅋ, ㄲ, ㅍ'이 뒤로 넘어가요
			15단계	받침 'ㄷ, ㅅ, ㅆ, ㅈ, ㅊ, ㅌ'이 뒤로 넘어가요
	3장	된소리되기 1	16단계	받침 'ㄱ, ㄷ, ㅂ' 때문에 된소리가 나요
			17단계	받침 'ㄴ, ㄹ, ㅁ, ㅇ' 때문에 된소리가 나요
			18단계	어려운 모음 아래 받침 때문에 된소리가 나요
	4장	된소리되기 2	19단계	'ㅋ, ㄲ, ㅍ' 때문에 된소리가 나요
			20단계	'ㅅ, ㅆ, ㅈ, ㅊ, ㅌ' 때문에 된소리가 나요

3권	1장	구개음화와 거센소리되기	21단계	'ㄷ'을 'ㅈ'으로 발음해요
			22단계	'ㅎ' 뒤에서 거센소리가 나요
			23단계	받침 때문에 'ㅎ'이 바뀌어요
	2장	음절의 끝소리	24단계	받침을 'ㅂ'과 'ㄱ'으로 발음해요
			25단계	받침을 'ㄷ'으로 발음해요
	3장	자음동화	26단계	'ㄱ, ㄲ, ㅋ'의 발음이 달라져요
			27단계	'ㄷ, ㅂ'의 발음이 달라져요
			28단계	'ㄴ, ㄹ'의 발음이 달라져요
	4장	틀리기 쉬운 것들	29단계	된소리로 쓰면 안 돼요
			30단계	소리는 같지만 글자가 달라요

4권	1장	사이시옷	31단계	뒷말의 첫소리가 된소리로 나요
			32단계	앞말에 'ㄴ' 소리가 덧나요
			33단계	앞말과 뒷말에 'ㄴ' 소리를 두 번 붙여요
	2장	겹받침 쓰기	34단계	받침이 두 개일 때 이렇게 발음해요 1
			35단계	받침이 두 개일 때 이렇게 발음해요 2
	3장	음운첨가	36단계	'ㄴ' 소리를 넣어서 발음해요
			37단계	'ㄹ' 소리를 넣어서 발음해요
			38단계	두 낱말 사이에 'ㄴ'이나 'ㄹ'을 넣어 발음해요
	4장	외워야 할 것들	39단계	외워서 써야 해요
			40단계	'이'나 '히'로 써요

어떤 낱말도, 어떤 문장도 척척!
엄마, 이젠 뭐든지 받아쓸 수 있어요~!